___________________ 님의 소중한 미래를 위해

이 책을 드립니다.

단종과 함께한 사람들

그들은 왕이 아니라 약속을 지켰다

단종과 함께한 사람들

강현규 지음

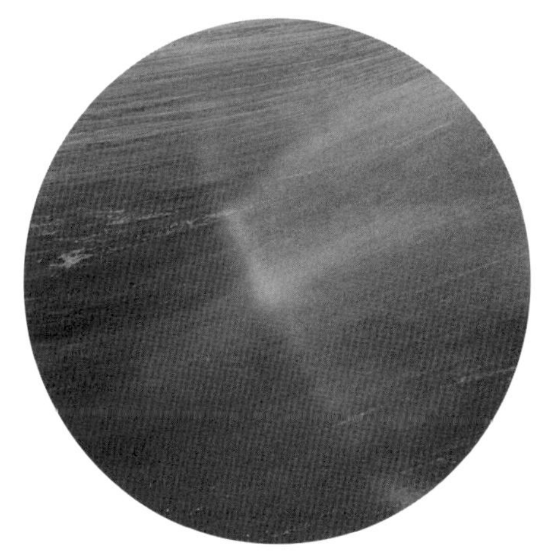

메이트북스

메이트북스 우리는 책이 독자를 위한 것임을 잊지 않는다.
우리는 독자의 꿈을 사랑하고,
그 꿈이 실현될 수 있는 도구를 세상에 내놓는다.

단종과 함께한 사람들

초판 1쇄 발행 2026년 3월 15일 | **초판 2쇄 발행** 2026년 3월 25일 | **지은이** 강현규
펴낸곳 (주)원앤원콘텐츠그룹 | **펴낸이** 강현규·정영훈
등록번호 제301-2006-001호 | **등록일자** 2013년 5월 24일
주소 04607 서울시 중구 다산로 139 랜더스빌딩 5층 | **전화** (02)2234-7117
팩스 (02)2234-1086 | **홈페이지** matebooks.co.kr | **이메일** khg0109@hanmail.net
값 17,500원 | **ISBN** 979-11-6002-462-3 03910

“죽음이 두려운 것이 아니라,
비겁하게 사는 것이 두려운 것이다.”

• 소크라테스(Socrates) •

역사 교과서에 나오지 않는 뜨거운 의리

최근 한국 사회에 단종 신드롬이 불고 있다. 단종의 비극을 다룬 영화에 1천만 관객이 몰렸고, 영월을 찾는 발길이 이어지고 있다. 단종이라는 이름이 600년 만에 다시 뜨거워진 것이다.

그런데 사람들이 그 이야기에 마음을 빼앗기는 이유는 무엇일까? 권력의 비정함, '패배한 왕'의 슬픈 죽음 때문만은 아닐 것이다. 그 비정한 시대를 버텨낸 사람들의 '온기'가 있었기 때문이다. 이 책은 그 온기의 정체를 추적한다.

역사는 대개 승자의 기록이거나 찬란하게 산화한 이름들의 서사로 남는다. 단종의 비극을 떠올릴 때 우리가 먼저 부르는 이름도 대개 '사육신'이다. 죽음으로 충절을 증명한 그들의 의리는 숭고하지만, 이 책의 첫 장을 그들로 열지 않기로 했다. 이 책이 붙잡고 싶은 것은 단판 승부의 절개가 아니라, 끝내 저버리지 않았던 '의리의 일상'이기 때문이다. 그래서 이 책을 두 개의 마당으로 나누어 배치했다.

첫째 마당은 '사람 사이의 신의를 끝까지 살아낸' 사람들이다. 엄흥도는 왕의 시신을 수습하면 삼족이 멸한다는 것을 알면서도 사람을 사람답게 보내는 도리를 택했다. 정순왕후는 모두가 왕을 잊어야 산다고 말할 때 홀로 기억하는 방식으로 64년간 존엄을 붙들었다. 살아서 돌아가는 것이 자신의 의리였던 매화는 동료 궁녀들이 강물로 뛰어드는 것을 지켜보며 정업원으로 발길을 돌렸다. 환관 안신은 사약 사발을 건네는 손으로 동시에 쓰러지는 주군을 받쳐 들었다. 이들의 의리는 화려하지 않으나 호흡이 길고, 끝내 지워지지 않는 사람의 온기를 담고 있다.

둘째 마당은 '부당한 권력에 맞서 자기 자리를 지킨' 사람들이다. 사육신은 단순히 추상적인 충성에 머물지 않았다. 그들은 자신의 직분과 문장, 심지어 녹봉으로 받은 쌀 한 톨까지도 부당한 권력에 내어주지 않음으로써 저항했다. 그들이 지킨 것은 거창한 명분만이 아니었다. 박팽년은 장계의 글자 한 획을 고쳐 씀으로써 권력을 부정했고, 이개는 빈 벼루를 갈며 부정한 명령을 거부했다. 하위지는 창고에 쌓인 쌀가마니에 '미수용(未受容)'이라는 종이를 붙이며 매일 아침 자신의 자리를 확인했다. 그들에게 의리는 관념이 아니라 뒤틀린 국가의 질서를 제자리로 돌려놓으려는 실천이자 주군에 대한 의리였다.

두 마당에 등장하는 인물들은 서로 다른 방식으로 같은 질문에 답했다. 각자의 방식은 달랐으나 이들이 지키려 했던 것은 하나였다. 권력이 강요하는 망각에 맞서 인간으로서의 도리를 끝까지 놓지 않는 것이었다.

효율과 속도가 미덕이 되고, 관계는 이해타산으로 계산되는 시대다. 그럼에도 사람들이 600년 전의 단종 이야기에 다시 귀를 기울이는 것은, 우리 안 어딘가에 여전히 그 온기를 그리워하는 마음이 남아 있기 때문일 것이다. 엄흥도가 차디찬 강물로 뛰어든 것은 대의가 아니었다. 사람이기에 할 수 없었던 것을 끝내 하지 않은 것이었다. 그 의리가 지금 우리에게도 어딘가에 있다고, 필자는 믿는다.

이 책은 『세조실록』의 건조한 기록 위에서 시작되었으나, 영월 일대에 전해오는 민초들의 전승과 시대를 건너온 이름 없는 이들의 기억을 바탕으로 재구성되었다. 역사는 승자의 문장으로 기록되지만, 의리는 민초들의 기억으로 전승된다.

실록이 침묵하는 자리에서 이 책은 말을 잇는다. 엄흥도가 강을 건넌 이유, 안신이 강가에서 유품을 품에 안고 기다린 밤, 금성대군이 가시 울타리 안에서도 놓지 않았던 것들, 이 장면들은 공식 기록에 없거나 단 한 줄로 처리된 것들이다. 이 책에서는 그 행간을 민간 전승과 역사적 정황, 그리고 개연성을 근거로 복원했다. 사실을 지어낸 것이 아니라, 사실이 가리키는 방향을 따라 걸어간 것이다.

이 책에 등장하는 인물들 중 일부는 공식 기록인 실록에 이름 한 줄 남기지 못했다. 그러나 그들이 남긴 흔적은 600년이 지난 지금도 살아 있다. 이 한 권의 책에 주군의 마지막 온기를 지키려 했던 이들의 지극한 의리와 정성을 담았다. 이 책은 그 잊힌 이름들에게 바치는 뒤늦은 헌사다.

강현규

첫째 마당

사람 사이의 신의를 끝까지 지킨 사람들

1장 엄흥도: 밤의 강물에서 왕의 시신을 건져 올리다

둘째
마당

부당한 권력에 맞서 목숨을 던진 사람들

1457년, 가장 고독했던 소년의 장례식

홍위는 조선 역사상 가장 탄탄한 기반 위에서 태어난 세자였다. 할아버지 세종은 조선 최고의 성군이었고, 아버지 문종은 20년 넘게 세자로 있으며 국정을 익힌 준비된 왕이었다. 홍위는 그 두 사람의 손에서 제왕 교육을 받으며 자랐다. 경연에서 『사서삼경을』 읽고, 활쏘기와 말타기를 익히고, 대신들과 국사를 논하는 훈련이 이어졌다. 조선 건국 이래 이토록 안정된 왕위 계승은 없었다고 해도 과언이 아니다. 문제는 단 하나였다. 아버지 문종이 너무 일찍 죽었다.

1452년 5월 문종이 즉위 2년 만에 승하했다. 열두 살 소년 홍위가 왕위에 올랐을 때, 조선의 권력 체계는 예기치 못한 혼란에 직면했다. 성군 세종의 손자이자 문종의 아들로 태어나 '홍위'라는 이름을 얻었으나, 그는 평생 그 이름으로 불릴 기회를 박탈당했다. 왕좌에 앉은 소년에게 세상은 '주상'이라는 직함을 씌웠고, 그 뒤에는 숙부 수양대군의 칼날이 따라붙었다.

소년 왕에게 궁궐은 안식처가 아니라 거대한 감옥이었다. 아침마다 문안을 오는 대신들의 눈빛 속에서 그는 충성이 아닌 계산을 읽어야 했다. 결국 1453년 10월 계유정난(癸酉靖難)이 일어났다. 수양대군이 군사를 이끌고 궁궐을 장악하며 소년의 유일한 울타리였던 김종서와 황보인을 제거했다.

그날 밤 병풍 뒤에서 발소리를 듣던 소년은 자신의 시대가 강제로 닫히고 있음을 직감했다. "나에게는 수복(壽福)이 없구나." 열네 살 소년이 내뱉은 이 탄식은 그의 생애 전체를 관통하는 확실한 예언이 되었다.

1455년에는 끝내 '선위'라는 이름의 탈취가 일어났다. 수양에게 왕위를 내어주고 상왕(上王)으로 물러난 소년은 창덕궁 수강궁에 갇혔다. 왕이 아니면서 왕의 자리를 지키고 있어야 하는 기이한 고립이었다.

1457년 6월에는 사육신의 단종 복위 시도가 실패로 돌아가면서 소년의 운명은 벼랑 끝으로 밀려났다. 왕에서 상왕으로, 다시 노산군(魯山君)으로 깎여나가는 과정은 존재가 지워지는 행정적 말살이었다. 어제까지 고개를 숙였던 내관들이 오늘은 눈을 맞추지 않았고, 전각을 지키던 군사들의 창끝은 더 이상 밖이 아닌 소년이 머무는 안쪽을 향했다.

한양을 떠나는 날, 소년은 짚신을 끌었다. 광나루를 건너 여주와 원주를 지나는 700리 길은 남루한 압송이었다. 권력은 그를 죄인이라 불렀으나, 길가의 백성들은 그를 어린 임금이라 부르며 몰래 주먹밥을 던져주었다.

영월 청령포에 도착했을 때, 그에게 허락된 것은 삼면이 강물이고 뒤편은 절벽인 좁은 공간뿐이었다. 서강의 물소리와 절벽에 부딪히는 바람 소리만이 그를 찾아왔다. 죽음보다 깊은 적막 속에서 소년은 한양에 두고 온 아내 정순왕후를 그리워했다.

왕관도 권력도 사라진 그 자리에서 소년이 붙잡은 것은 자신을 끝까지 믿고 따른 매화와 안신, 그리고 청령포에서 만나 인연을 맺은 엄흥도 등 소수의 사람들이었다. 소년은 자신이 살아서 나갈 수 없음을 알았기에, 그들에게 자신의 마지막 진심을 나누어주었다.

1457년 10월 금부도사 왕방연이 영월 관풍헌에 도착했다. 사약 사발을 앞에 두고 소년은 통곡하지 않았다. 다만 곁을 지키던 안신에게 정순왕후의 안부를 물었을 뿐이다. 소년의 육신이 차가운 바닥으로 쓰러질 때, 관풍헌 마당에는 적막만이 가득했다.

　소년 왕의 죽음은 조선 역사에서도 가장 고독한 기록이었다. 하지만 그 고독이 깊었기에, 그를 향한 사람들의 의리는 더욱 끈질기게 이어졌다. 이 책은 패배한 왕의 몰락과 함께한 사람들이 지키려 했던 인간의 마지노선이 무엇인지를 확인하려는 시도다. 부당한 권력은 소년 왕을 죽였으나, 그와 함께했던 사람들의 이야기는 끝내 지우지 못했다. 단종과의 약속을 붙든 사람들의 이야기가 지금부터 시작된다.

엄흥도: 밤의 강물에서 왕의 시신을 건져 올리다

매화: 왕의 부탁을 품고 왕비의 64년을 지키다

안신: 사약을 앞에 둔 왕의 곁에서 눈물을 닦아주다

정순왕후: 잊으라는 세상에서 기억을 끝까지 붙들다

금성대군: 조카를 홀로 두지 말라는 유언을 받들다

사람 사이의 신의를
끝까지 지킨 사람들

역사가 거대한 사건의 줄기를 기록할 때, 사람의 진실은 대개 기록이 생략한 현장에 머문다. 첫째 마당에서 만날 이들은 국가의 대의나 정치적 명분이 아니라, 내 곁의 사람을 향한 '신의'를 끝까지 배신하지 않았던 사람들이다.

단종에 대한 그들의 의리는 거창한 선언이 아니라 "남겨진 이를 부탁한다"는 마지막 말을 지키는 일에서 시작되었다. 누군가는 차가운 밤 강물에 몸을 던져 왕의 육신을 거두었고, 누군가는 보랏빛 염료가 손톱에 박히도록 노동하며 왕비의 끼니를 지켰다. 세상이 "잊으라"고 강요하며 고개를 돌릴 때, 이들은 "기억하겠다"는 약속 하나로 멸문지화의 공포를 견뎌냈다. 여기 기록된 다섯 명의 삶은 우리에게 묻는다.

"보상도 명예도 없는 자리에서 당신은 오직 '사람의 도리'만

으로 누군가의 곁을 지킬 수 있는가?"

그들의 움직임은 작았다. 하지만 그 행위들이 모여 기록되

지 못한 역사의 빈칸을 채웠다.

이제 우리는 관념적인 충절을 넘어, 생을 건 인간 대 인간의

약속이 어떻게 한 시대를 버티게 했는지 확인하려 한다. 가

장 뜨거운 신의야말로 무너져가는 세상 속에서 우리가 붙잡

아야 할 마지막 경계이기 때문이다.

엄흥도(嚴興道)

- 생년 미상
- 영월 관아의 호장(戶長)으로 재직
- 1457년 10월: 관풍헌 앞 강물에 버려진 단종의 시신을 수습해 장례를 치름
- 1457년 11월: 연좌의 위협을 피해 가족과 함께 영월을 떠나 자취를 감춤
- 1733년(영조 9년): 사후 270여 년 만에 충절을 인정받아 공조판서로 추증

밤의 강물에서
왕의 시신을
건져 올리다

삼면의 강과 절벽이 가둔
청령포의 적막

영월은 작은 고을이었다. 길은 자주 같은 곳으로 이어졌고, 사람들은 서로의 얼굴을 기억했다. 한 번 들은 소문은 금세 저녁상에 올랐고, 부주의한 말 한마디는 다음 장날까지 따라다녔다. 작은 고을에서 누군가의 출입은 소문보다 빨랐고, 그 동선은 결국 관아에 닿았다. 영월 사람들이 입을 닫고 말을 아낀 이유였다.

그런 곳에 어느 날부터 '보면 안 되는 사람'이 생겼다. 사람들은 그를 멀리서만 보았다. 몰라서가 아니라 너무 잘 알아서였고, 왕이라 부를 수 없는 시간이 시작되었기 때문이다.

유배지는 단절의 땅이 아니라 철저한 관리의 땅이었다. 길이 닿아야 하고, 감시가 미쳐야 하며, 보고가 끊이지 않아야 한다. 영월은 그 조건에 부합하는 천혜의 감옥이었다.

청령포는 서쪽의 육륙봉 절벽과 삼면을 에워싼 동강이 만든 자연의 섬이었다. 나룻배 한 척만 통제하면 출입이 완벽히 정리되는 구조였다.

산길은 좁고 물길은 돌아 나가니, 누가 지나갔는지가 그대로 기록이 되었다. 강물은 흐르지만 사람의 동선은 갇혔다. 안에서 보면 강은 풍경이 아니라 넘을 수 없는 경계였다.

1457년(세조 3년) 상왕에서 노산군으로 강등된 열일곱의 소년이 이곳에 내려왔다. 영월은 잊히는 곳이 아니라 모든 움직임이 노출되는 곳이었다. 사람이 많아질수록 오히려 더 눈에 띄는 그 투명한 고립 속으로 한 소년이 밀려 들어왔다.

호장은 행정 서류로
단종의 시간을 읽었다

엄흥도는 호장(戶長)이었다. 호장은 관아의 모든 실무 행정을 총괄하는 향리의 수장이다. 조선의 고을은 수령만으로 움직이지 않는다. 문서가 돌고 호적이 정리되며 세금이 계량되려면, 실무를 쥔 향리가 필요했다. 누가 빠졌는지, 어느 집이 굶는지 같은 정보가 가장 먼저 모이는 자리가 호장이었다.

단종의 유배는 처음부터 철저한 관리의 영역이었다. 왕이었던 이의 신분이 추락하는 과정은 칼보다 먼저 서류상의 행정으로 증명되었다. 상왕에서 노산군으로 깎이는 과정도, 청령포에 갇히는 과정도, 모두 문서로 먼저 집행되었다. 호장은 그 서류를 정리해 보고해야 하는 실무자였다.

청령포의 하루는 강물 소리와 감시자의 발소리로 나뉘었다. 소년의 끼니는 말을 섞을 수 없는 거리에서 하급 아전들의 손을 거쳐 건네졌다. 밥 한 끼를 올리는 것조차 권력이 허락한 범위 안에서만 가능했다.

엄흥도는 끼니의 출납을 확인하고 문밖을 지키는 군사들의 명단을 정리했다. 누가 몇 교대로 섰는지, 누가 어디까지 접근했는지가 그의 기록에 남았다. 유배는 칼로 가두는 것이 아니었다. 일상을 잘게 쪼개 통제함으로써 인간을 천천히 고립시키는 과정이었다. 호장의 업무는 그 소년이 누구와 눈을 맞췄는지 확인하는 세밀한 감시의 끝에 닿아 있었다.

호장은 고을의 생사를 가장 가까이서 다루는 자리였다. 누가 태어나고 누가 죽었는지, 어느 집이 세금을 못내 무너지는지 가장 먼저 아는 사람이 호장이었다. 엄흥도는 그 자리에서 수십 년을 버텨온 사람이었다. 그에게 행정은 숫자와 문서의 일이 아니었다. 그래서 그는 알고 있었다. 저 소년의 하루가 서류 한 장으로 얼마나 잘게 쪼개지고 있는지를.

왕의 곡소리를 듣고
강을 건넌 엄흥도

어느 날 밤 엄흥도는 강 건너편에서 들려오는 곡소리를 들었다. 낮게 억누른 울음이었으나 고요한 강물 위로 또렷이 건너왔다. 그는 발걸음을 멈췄다.

아내가 말렸다. "당신은 왕의 녹을 받는 사람이 아니니 가야 할 의리가 없습니다." 엄흥도는 잠시 침묵했다가 답했다. "의리는 사람이라면 모두 취할 수 있는 것이오. 영월 사람만 군주의 녹을 받지 않았단 말이오?" 그는 나무토막을 타고 강을 건넜다.

“그대는 누구인가?” 소년이 물었다. “영월군의 호장 엄흥도입니다.”“그대는 무엇 때문에 나에게 왔는가?” “곡소리를 듣고 마음이 슬퍼 왔습니다.” 소년은 한참 엄흥도를 바라보다가 말했다. “아, 내가 꿈에서 사육신을 보았는데 지금 그대를 보니 기이하도다. 마치 사육신을 보는 듯하다. 사람들이 초야에 선인이 많다더니 그대와 같이 충성스러운 사람을 이르는 것이었구나. 그대는 앞으로 나오라.”

엄흥도는 앞으로 나아가지 않았다. 신하도 아니고 녹을 받은 자도 아닌 자신이 왕 앞에 나아가는 것은 도리가 아니라고 여겼기 때문이다. 그는 그 자리에 엎드린 채 옷깃에 눈물만 적셨다.

그날 이후 엄흥도는 틈이 날 때마다 몰래 강을 건너 소년을 만났다. 말을 많이 나누지는 않았다. 다만 곁에 있었다. 소년에게 그것으로 충분했고, 엄흥도에게도 그것으로 충분했다.

관풍헌 이주와
물리적 보호막의 상실

　그해 여름에 홍수가 영월을 덮쳤다. 강물이 범람하자 청령포의 물리적 봉쇄가 불가능해졌다. 관아는 즉시 단종을 객사인 관풍헌으로 옮겼다. 자연 지형이 제공하던 천연의 보호막이 사라지자 그 빈자리를 사람의 촘촘한 감시가 채우기 시작했다.

　강물은 가두는 벽인 동시에 외부의 접근을 차단하는 성벽이었다. 그러나 고을 중심부인 관풍헌은 달랐다. 담장 너머의 소음이 가까워진 만큼 내부의 기밀도 쉽게 노출되었다. 강물이 막아주던 것들을 이제는 사람의 눈과 귀가 대신했다.

　손님을 맞는 청풍헌 객사는 죄인의 숙소가 되는 순간 감옥으로 바뀌었다. 누군가 서 있기만 해도 감시가 성립되었고, 누군가 지나가는 행위 자체가 보고의 대상이 되었다. 소년에 대한 관아의 통제 강도가 높아질수록 마을의 침묵은 깊어졌다.

엄흥도는 관아를 오가며 멀리 서 있는 소년을 바라보았다. 익선관 대신 소박한 건을 쓰고 곤룡포 대신 흰 옷을 입은 모습이었다. 처음 강을 건너 만났을 때보다 얼굴이 더 여위어 있었다. 영월의 남성들이 노동으로 검게 마르는 동안, 궁궐에서 자란 소년의 얼굴은 이질적일 만큼 희고 말이 없었다. 관풍헌으로 옮긴 뒤 그 주변에는 늘 누군가의 눈이 있었다. 엄흥도는 예전처럼 왕의 곁에 다가갈 수 없었다.

10월 24일 도착한 왕명과
연좌의 공포

그해 9월 단종 복위 시도가 발각되자 관청의 분위기가 완전히 달라졌다. 아전들의 움직임은 분주해졌고, 수령의 명령은 단호해졌으며, 기록의 손길은 더 신중해졌다.

고을 전체가 팽팽한 긴장 상태에 들어갔다.

10월 24일 금부도사가 영월 관아에 도착했다. '사약'이라는 단어는 입 밖으로 나오는 순간 소문이 되어 퍼졌다. 실록과 민간에 전해오는 이야기는 죽음의 방식에서 차이를 보이지만, 그날 고을을 지배한 공포는 하나의 질서로 작동했다.

사건이 벌어지던 그때, 영월 사람들은 모이지 않고 흩어졌다. 울음소리조차 들리지 않는 정적이 고을을 덮었다. 단종의 시신을 강에 던진 것은 처분의 편의를 넘어 흔적을 지우기 위한 행정적 선택이었다. 그날의 침묵은 잔인함의 산물이 아니라 생존 본능이었다.

그날 저녁 엄흥도는 밥상을 마주하고도 숟가락을 들지 못했다. 호장인 엄흥도에게 하달된 명령은 명확했다. 시신을 거두는 자는 삼족을 멸한다는 내용이었다. 삼족은 단순한 형벌의 명칭이 아니었다. 그것은 자식의 생존과 아내의 안위, 집안의 절멸을 뜻했다. 조사와 연좌, 재산 몰수로 이어지는 그 절차를 엄흥도는 누구보다 정확히 알고 있었다. 그는 평생 그 서류를 작성해온 사람이었기 때문이다.

한참 만에 그는 자리에서 일어나 장롱 앞으로 걸어갔다. 장롱 깊숙이 넣어두었던 보따리를 꺼내 상 위에 올려놓았다. 어머니를 위해 미리 마련해둔 수의와 관이었다. 조선의 자식 된 도리로 부모의 임종을 준비하는 것은 효의 첫 번째였다. 그는 그것을 품에 안았다. 어머니께는 새로 마련하면 된다. 지금 이 밤, 이것이 필요한 사람은 따로 있었다.

그 움직임을 지켜보던 집안사람들이 울며 그를 만류했다. 하지만 엄흥도는 떨리는 손으로 갓을 고쳐 쓰며 나직하게 답했다. "옳은 일을 하다가 화를 입는 것이라면, 그것이 정녕 내가 원하는 바다."

그것으로 끝이었다. 더 이상의 말은 없었다. 그는 그날 밤 잠들지 않았다.

금기를 깨고
왕의 시신을 수습하다

새벽이 되자 엄흥도는 아들들을 깨워 강가로 향했다. 문턱을 넘는 남편과 아들들의 발소리를 들으며 엄흥도의 아내 또한 깨어 있었을 것이다.

강물은 차가웠다. 한겨울 동강의 물살은 무릎을 넘어 허리까지 밀어붙였다. 엄흥도는 이를 악물고 강을 건넜다. 발이 감각을 잃어도 멈추지 않았다.

그는 강물 속에서 시신을 건져 올렸다. 열일곱의 소년이었다. 곡소리를 듣고 강을 건너던 날 마주했던 그 희고 조용한 얼굴이 지금 자신의 팔 위에 있었다.

그때 어둠 속에서 늙은 그림자 하나가 엄흥도 앞을 막아섰다. 평생 왕의 지척을 지켰던 환관 안신이었다. 관리들이 모두 달아난 그 밤, 홀로 남은 안신은 엄흥도를 보고서야 참았던 눈물을 터뜨리며 품 안에서 왕의 작은 유품들을 꺼내놓았다. "저승에서도 자취를 잃지 않게 이것들을 함께 묻어주시오."

엄흥도는 말없이 받아들였다. 두 사람이 나눈 것은 짧은 눈맞춤이었으나, 그것은 비극의 한복판에서 인간의 도리를 지키기로 한 자들끼리의 무언의 연대였다.

관을 메고 겨울에 산비탈을 오르는 일은 처음부터 끝까지 고역이자 공포였다. 눈보라가 몰아쳤고, 길은 없었다. 관의 무게가 어깨를 짓눌렀고, 발은 눈 속에 빠졌다 나왔다를 반복했다. 게다가 발각되면 그 자리에서 끝이었기에 아무 소리도 낼 수 없었다. 숨소리조차 조심했다. 그렇게 엄흥도와 아들들은 말 한마디 없이 그 비탈을 올랐다.

묻을 자리를 찾지 못해 헤매던 그때, 노루 한 마리가 일행 앞에서 달아났다. 노루가 앉았던 자리에는 눈이 녹아 맨 땅이 드러나 있었다. 엄흥도는 그 자리에 삽을 댔다. 민간에 전해오는 이야기인데, 사실 여부를 떠나 그날 밤 그 산비탈에서 일어난 모든 일이 그만큼 절박했다는 것만은 분명하다.

엄흥도가 왕의 시신을 모신 곳은 관아의 눈길이 닿지 않는 험준한 동을지산의 기슭이었다. 봉분도 없이 낙엽으로 덮어 위장해야 했던 그 산비탈이, 엄흥도가 왕에게 바칠 수 있었던 마지막 자리였다. 강물에서 손을 씻고 증거를 인멸하는 일까지가 그날 장례의 완결이었다.

엄흥도가 단종을 모신 자리에 대해 기록들은 조금씩 다르게 전한다. 실록은 동을지산 기슭이라 했고, 영월 일대의 구전은 강물이 내려다보이는 가파른 비탈이었다고 전한다. 그것은 그 장례가 얼마나 은밀하고 급박하게 치러졌는지를 역설적으로 증명한다.

훗날 숙종이 단종을 복위시키고 장릉을 조성할 때, 그 자리를 찾아낼 수 있었던 것은 공식 기록 덕분이 아니었다. 240여 년 동안 입에서 입으로 전해온 영월 사람들의 기억 덕분이었다.

가문의 절멸을 피해
영월을 떠나다

시신 수습과 장례가 끝났다고 해서 상황이 종료된 것은 아니었다. 그 시점부터 엄흥도는 호장이라는 직무를 수행할 수 없는 존재가 되었다. 신분이 노출되는 즉시 가문 전체가 처벌 대상이 되기 때문이었다.

후환이 두려워 도망친 것이 아니었다. 금기를 실행한 자가 가족을 살리기 위해 치러야 할 몫이었다. 강물에서 건져 올린 것은 왕의 주검이었으나 그 대가로 지불한 것은 안정된 기반과 이름이었다.

장례를 마친 엄흥도는 단종이 입고 있던 옷을 품에 안고 계룡산 동학사로 향했다. 그곳에는 사육신의 시신을 수습하고 은거 중이던 김시습이 있었다. 두 사람은 단을 쌓고 제를 올렸다. 말이 필요 없었다. 같은 밤을 견뎌온 사람끼리의 침묵이었다. 그것이 엄흥도가 세상에 남긴 마지막 공식적인 행적이었다. 지금도 동학사 숙모전(肅慕

殿)에는 단종과 사육신, 생육신과 함께 엄흥도의 위패가 모셔져 있다.

세월이 흐르며 기록의 방향이 바뀌었다. 1698년(숙종 24년) 단종이 복위되면서 엄흥도가 파낸 언 땅이 장릉이라는 이름을 얻으며 왕릉이 되었다. 당대에 대역죄로 분류되던 행위가 240년 만에 국가가 공인하는 충절의 기록으로 바뀐 것이다. 실록의 기록에는 단 한 줄이 남았다. "후환이 두려워 시신을 거두는 사람이 없었는데 호장 엄흥도가 장사를 지냈다."

엄흥도가 영월을 떠난 뒤 그의 가족이 어디로 흩어졌는지는 기록에 남아 있지 않다. 다만 후손들이 신분을 숨긴 채 여러 고을에 나뉘어 살았다는 전승이 영월 일대에 전해온다. 야반도주한 가문의 후손이라는 사실은 평생 입 밖에 낼 수 없는 비밀이었다. 그 침묵이 몇 대에 걸쳐 이어졌다.

그 밤에 엄흥도가 겨울의 차디찬 강물에서 건져 올린 것은 왕의 주검이었으나, 강물 속으로 가라앉은 것은 한 가문의 이름이었다. 엄흥도는 그것을 알고서 강물로 기꺼이 들어갔다. 그래서 그의 선택은 숭고하다기보다 처연하다.

매화(梅花)

- 생년 미상
- 정순왕후를 모신 궁녀이자 민간 전승 속 인물
- 1457년 6월: 단종 유배길에 동행해 청령포에서 왕의 마지막 부탁을 받음
- 1457년 10월: 단종 승하 후 자결 대신 정업원으로 복귀해 왕비를 보필함
- 1521년 이후(추정): 정순왕후의 임종을 지킨 후, 82세 전후에 생을 마감함

매화

왕의 부탁을 품고 왕비의 64년을 지키다

죽음이라는 장식 대신
64년의 일상을 선택하다

영화 〈왕과 사는 남자〉 속 매화는 비극의 정점에서 스스로 목숨을 끊으며 관객에게 강렬한 인상을 남긴다. 화면 속 그녀의 죽음은 단종의 고립을 완성하는 극적 장치일 뿐, 실존의 매화는 그 비장한 마침표를 거부한 인물이다. 영화적 상상력은 매화의 죽음을 의리의 끝으로 정의하나, 실제 민간 전승 속 매화에게 의리는 주군이 사라진 뒤 시작되는 지독한 일상 그 자체였다.

역사는 그녀의 이름을 공식 기록인 실록에서 지워버렸다. 승자의 기록에, 패배한 왕의 곁을 지킨 이름 없는 궁녀의 자리는 허락되지 않았기 때문이다. 그러나 기록이 지운 이름을 사람들의 기억은 지우지 않았다.

남양주와 영월, 그리고 동대문 밖 숭인동 일대에는 '매화' 혹은 '시녀 권 씨'라 불리는 여인의 이야기가 600년 넘게 흐르고 있었다. 그녀는 정순왕후가 시장에 나갈 때마다 앞을 가로막는 무뢰배들을 호통쳐 물리쳤고, 모든 고된 일을 도맡았다. 매화의 그 헌신은 왕후를 의존적인 존재로 만든 것이 아니었다. 고립된 정업원 안에서 왕비가 인간의 품위를 지킬 수 있도록 외부의 위협을 몸으로 막아낸 것이었다.

'매화'라는 이름이 실명인지는 알 수 없다. 매화(梅花)는 절개와 인내를 상징하는 꽃이름으로, 후대 사람들이 그녀의 삶을 기리며 붙인 이름일 가능성이 높다. 영화는 그 이름에 극적인 죽음을 입혔지만, 실제 전해오는 이야기 속 매화는 죽음 대신 삶을 택한 여인이다. 화면 속 비장한 마침표가 아니라, 이름조차 불분명한 채로 64년을 버텨낸 것이 그녀의 진짜 서사였다.

매화를 다시 불러내는 이유는 하나다. 죽음이라는 선언보다 끈질긴 삶의 의리가 무엇인지 그녀가 증명했기 때문이다. 그녀는 매일 새벽 정업원 마당의 서리를 제일 먼저 밟으며 하루를 열었고, 시장 바닥에서 장꾼들과 실랑이를 벌이며 왕비의 끼니를 확보했다. 찰나의 결기가 아니라 매일 반복되는 고단한 노동, 그것이 매화의 의리였다.

유배 행렬의 끝에서
보고의 의무를 수행하다

단종이 유배길에 오르던 1457년 여름, 창덕궁의 공기는 무겁게 가라앉았다. 공식적인 유배 행렬 뒤에는 왕을 보필할 인원들이 동행했으나, 민간에 전해오는 이야기는 엄격한 감시망 사이를 뚫고 험난한 영월 길을 뒤따른 매화의 발자국을 따로 증언한다. 당시 조정은 정순왕후의 동행을 엄격히 금지했으나, 매화는 왕비의 눈이 되겠다는 의지를 굽히지 않았다. 결국 감시자들의 묵인 아래 매화는 행렬 끄트머리에 몸을 실었다.

유배 행렬이 한강을 건너고 험준한 산맥을 넘는 700리 길 내내, 매화는 흙먼지 속에서 왕의 뒷모습을 쫓는다. 왕비가 직접 갈 수 없는 그 먼 길을 대신 걸으며, 왕의 일상을 하나하나 가슴에 새겨 넣는다. 그녀에게 이 여정은 단순한 동행이 아니라, 훗날 정순왕후에게 전달할 유일한 기록을 몸으로 만드는 과정이었다.

주막집 차가운 툇마루에서 잠을 청하면서도 왕의 표정을 눈에 담는 일을 멈추지 않았다. 먼 훗날 한양으로 돌아가 정순왕후에게 "상감께서 이 길을 걸으실 때 이러한 모습이셨습니다"라고 전해야 한다는 책임감이 그녀의 부르튼 발을 움직이게 했다.

행렬이 광나루를 지나 원주를 거쳐 영월로 들어설 때까지, 매화는 단 한 번도 왕의 곁을 멀리하지 않았다. 주막에서 얻은 찬밥으로 끼니를 때우면서도 왕에게 올릴 탕약의 온도가 식지는 않았는지 아전들을 다그치며 살폈다. 청령포에 도착해 왕이 기거할 방의 먼지를 걷어낼 때까지, 그녀의 손에서 수발 도구가. 떠난 적이 없었다.

청령포의 적막 속에서 맺은
왕과의 약속

삼면이 강으로 둘러싸이고 한 면은 절벽인 청령포는 단종을 심리적으로 압박하기에 충분한 공간이었다. 매화는 그 창살 없는 감옥에서 끼니를 챙기고, 밤이면 강바람을 막을 숯불을 피우며 거처를 살폈다. 그곳에서 매화는 왕의 대화 상대였고, 한양의 소식을 전달하는 유일한 통로였다. 그녀는 왕비의 편지를 몰래 전달하며 단절된 외부 세계와의 연결고리를 유지했다.

어느 저녁, 단종은 강가를 거닐다 보랏빛 비단 주머니를 꺼내 매화에게 건넸다. "이 안에는 한양에 전할 내 마음이 담겨 있다. 내가 혹여 이곳을 벗어나지 못하더라도, 너는 반드시 살아서 돌아가 왕비의 남은 생을 지켜다오." 왕은 자신의 앞날을 예감하고 있었다. 그가 더 깊이 우려한 것은 자신의 죽음이 아니라, 홀로 남겨질 아내의 고독이었다.

매화는 그 주머니를 품으며 왕의 당부를 가슴에 새겼다. 왕의 육신이 이 땅에 묶이더라도 그의 의지만은 왕비의 일상 속에 이어지게 하겠다는 다짐이었다. 청령포의 노을 아래서 맺어진 이 은밀한 약속은 훗날 정업원의 차가운 방 안에서 64년이라는 긴 세월을 버티게 하는 신념의 근거가 되었다.

매화는 그 주머니를 품속 가장 안쪽 옷감에 바느질해 고정했다. 수면 중에도, 강가에서 빨래할 때도 주머니의 묵직한 촉감을 확인했다. 그녀는 주머니 속에 무엇이 들었는지 결코 열어보지 않았다. 매일 아침 주머니 위를 손으로 쓸어내리는 것으로 하루를 시작했다. 살아서 돌아가라는 왕의 말을 되새기듯.

자결의 대열을 이탈한
매화의 발걸음

1457년 10월 단종이 승하하자 유배지를 지키던 시녀들은 절망적인 선택 앞에 놓였다. 주인을 잃은 슬픔과 보복에 대한 공포 속에 세 명의 시녀는 동망봉(東望峯) 아래 강물로 몸을 던져 자결을 택했다. 동망봉은 영월 청령포 인근의 봉우리로, 정순왕후가 한양을 바라보며 단종을 그리워했다는 전설이 깃든 곳이다. 훗날 사람들은 그 아래 강가를 '삼궁녀바위'라 부르며 이들의 충절을 기렸다.

그러나 매화는 자결의 대열에서 벗어나 한양으로 향했다. 가슴 안쪽에는 청령포에서 단종이 건넨 보랏빛 비단 주머니가 있었다. 죽음은 단 한 번의 결단으로 가능했으나, 살아남아 왕의 부탁을 이행하는 일은 매 순간 자신을 압박하는 고단한 여정이었다. 매화는 동료들의 죽음을 뒤로한 채 비난의 시선을 감수하며 정업원으로 향했다.

한양으로 돌아가는 경로는 유배길보다 험난했다. 감시를 피해 산길로 숨어 다니며 산열매로 끼니를 이었다. 매화가 정업원에 도달했을 때 그녀의 행색은 형체를 알아볼 수 없을 만큼 남루했으나 품속에 바느질해둔 보랏빛 주머니만은 온전했다. 그녀는 정순왕후 앞에 엎드려 주머니를 바쳤고, 그날 이후 정업원의 문은 외부를 향해 굳게 닫혔다.

훗날 사람들은 강물로 뛰어든 세 시녀를 충절의 표상으로 기렸지만, 매화를 향한 시선은 달랐다. 등을 돌리고 떠난 여인, 주인의 죽음 앞에서 살기를 택한 여인이라는 비난이 그녀의 뒤를 따랐다. 삼궁녀바위에 대한 기록도 전승마다 조금씩 다르다. 세 명이라는 숫자도, 그들의 이름도, 뛰어든 장소도 기록에 따라 엇갈린다. 확실한 것은 하

나다. 그 혼란스러운 현장에서 매화만이 등을 돌렸고, 그 등 뒤에는 왕의 마지막 부탁이 있었다

보랏빛 염색으로 지켜낸
거친 생존

정업원에서의 삶은 유배지 청령포보다 가혹한 현실의 현장이었다. 신분이 박탈되고 감시가 일상이 된 정순왕후의 곁에서 매화는 스스로 노비의 역할을 자처했다. 이는 단순한 시중이 아니었다. 왕비가 세조의 시혜를 거부하며 "남편을 죽인 자의 쌀은 먹지 않겠다"는 결기를 보이자, 매화는 그 선언을 현실로 뒷받침해야 했다. 장터의 거친 노동이 시작된 것은 그때부터였다.

고된 노동은 매화의 일과였다. 그녀는 숭인동 산비탈 '자주동샘'에서 퍼올린 물에 괴불주머니와 저고리 깃을 담가 보랏빛 물을 들였다. 시장 상인들이 "역적의 집안"

이라며 외면할 때마다 그녀는 바닥에 떨어진 옷감을 다시 주워 들었다. 쌀 한 됫박을 확보하기 위해 사람들을 설득하는 일도 그녀의 몫이었다.

왕후가 안에서 기도를 올리며 중심을 잡았다면, 매화는 담장 밖의 현실을 상대하며 뒤주를 채우는 보급관이자 방패였다. 64년이라는 세월은 그렇게 보랏빛으로 물든 노동의 손이 쌓아올린 시간이었다. 시장 사람들이 그녀의 보랏빛 손을 비웃어도 그녀는 묵묵히 빨래를 하고 물을 길었다. 그 손에 남은 색은 단순한 노동의 흔적이 아니었다. 약속 하나로 64년을 견뎌낸 사람의 증거였다.

세조의 회유를 차단한
정업원의 사리문

세조는 정순왕후를 향해 지속적인 회유책을 펼쳤다. 곡식과 가옥을 제공해 그녀를 보살피는 모양새를 갖추려한 것은 자신의 정통성을 확보하려는 고도의 정치적 행위였다.

정업원(淨業院)은 고려시대부터 이어진 왕실 소속 비구니 사찰로, 조선시대에는 출궁한 후궁이나 왕실의 여인들이 머무는 공간이었다. 단종이 폐위되자 정순왕후는 왕비의 신분을 박탈당한 채 이곳으로 밀려났다.

세조의 회유는 집요했다. 즉위 초부터 수차례에 걸쳐 정순왕후에게 곡식과 가옥, 노비까지 제공하려 했다. 그것은 동정이 아니었다. 폐위된 왕비가 자신의 시혜를 받아들이는 순간, 찬탈의 정당성이 묵인되는 구조였기 때문이다. 정순왕후와 매화는 그 구조를 꿰뚫고 있었다.

세조에게 정순왕후는 제거해야 할 적이 아니었다. 자신의 찬탈을 '불가피한 구국(救國)'으로 포장해줄 살아있는 증거였다. 왕비를 굶주리게 방치했다는 비난을 피하고, 오히려 그녀를 거두는 관용을 보여줌으로써 세간의 도덕적 지탄을 잠재우려 한 것이다. 매화는 그 치밀한 심리전의 최전방에 서 있었다.

세조가 보낸 사신들이 물자를 앞세워 들이닥칠 때마다 매화는 마당으로 나갔다. "우리는 남겨진 의리만으로 충분하니 부정한 물건은 거두어가라." 그 말 한마디로 사신들을 문밖으로 밀어냈다. 왕비가 직접 나서서 구차한 거절의 말을 보태지 않아도 되도록, 매화는 스스로 정업원의 높은 문턱이 되었다.

매화는 권력의 시혜를 일부라도 수용하는 순간 단종과의 신의와 왕후의 결백이 무너진다는 것을 알고 있었다. 세조가 보내는 쌀 한 됫박은 단순한 호의가 아니었다. 왕비의 자존감을 헐값에 매수하려는 정치적 노림수이자 독(毒)이었다.

매화는 관가에서 보낸 이들이 주변을 기웃거리면 단호하게 쫓아냈고, 왕비를 낮춰 부르는 자들에게는 "끝까지 예우를 갖추라"며 일침을 가했다. 64년 동안 경계를 늦춘 적이 없었다.

정순왕후의 임종으로
64년 만에 완수한 과업

매화의 세월은 정업원의 낡은 사리문을 여닫는 소리 속에 쌓여갔다. 남들이 한 번의 죽음으로 충절을 증명할 때, 그녀는 수만 번의 새벽길을 나서며 자신의 신의를 증명했다. 왕비가 홀로 견뎌야 했던 고독한 밤마다 그 곁을 지킨 것은 묵묵히 곁을 지키던 매화의 그림자였다.

세조가 죽고 예종이 즉위했으며, 예종이 죽고 성종이 즉위했다. 성종이 죽고 연산군이 즉위했으며, 연산군이 쫓겨나고 중종이 들어섰다. 왕이 네 번 바뀌는 동안 정업원의 아침은 바뀌지 않았다. 매화는 새벽마다 먼저 일어나 마당을 쓸었고, 정순왕후는 그 소리를 들으며 하루를 시작했다. 두 여인은 말이 없어도 서로의 존재로 하루를 버텼다. 왕후가 왕을 잊지 않으며 중심을 잡는 동안, 매화는 그 중심이 흔들리지 않도록 바깥을 지켰다. 그것이 64년간 이어졌다.

1521년(중종 16년) 정순왕후는 82세의 나이로 생을 마감했다. 청령포에서 왕과 맺었던 약속이 그제야 완수되었다. 매화는 왕비의 임종을 지키며 자신이 짊어졌던 오랜 과업이 끝났음을 확인했다. 단종에게 받은 명을 정순왕후에 대한 보필로 완성한 것이다.

왕비의 장례를 마친 후 얼마 지나지 않아 매화는 단종이 건넸던 보랏빛 비단 주머니를 품에 안은 채 생을 마무리했다. 임종의 순간에도 그녀의 손톱은 보랏빛으로 물들어 있었다.

정순왕후가 머물던 정업원 터는 지금의 서울 종로구 청운동 일대로 추정된다. 건물은 사라졌으나 표지석이 남아 그 자리를 증언한다. 매화가 물을 길어 보랏빛 염색을 하던 자주동샘 터도 숭인동 일대에 흔적이 남아 있다. 정순왕후가 영월 쪽을 바라보며 단종을 그리워했다는 동망봉은 지금도 그 이름을 유지하고 있다. 두 여인이 버텨낸 세월의 자리는 그렇게 서울 곳곳에 작은 흔적으로 남아 있다.

매화의 손은 거칠고 투박했다. 하지만 그 손이 왕비의 존엄을 지켜냈다.

기록은 죽음을 선택한 이들을 선명하게 기억한다. 그러나 매화는 살아남는 쪽을 택했다. 찰나의 자결이 아니라 64년의 일상으로, 그녀는 의리가 무엇인지를 증명했다.

안신(安信)

- 생년 미상
- 세자 시절부터 단종을 보필한 환관(宦官)
- 1457년 10월: 금부도사 왕방연을 대신해 사약을 들고 단종의 임종을 지킴
- 사후: 기록에서 자취를 감췄으나, 끝까지 단종의 곁을 지킨 이로 전승됨

3장

안신

사약을 앞에 둔 왕의 곁에서 눈물을 닦아주다

패배한 왕 곁에
끝까지 남은 자의 고통

대중은 단종의 죽음을 기억할 때 금부도사 왕방연이 남긴 시(詩)를 떠올린다. "천만리 머나먼 길에 고운 님 여의옵고 내 마음 둘 데 없어 냇가에 앉았으니 저 물도 내 안 같아서 울어 밤길 예는구나." 이 시는 곧 죽을 임금을 두고 돌아서야 했던 관리의 비통함을 상징하는 대표적인 문장이 되었다.

하지만 그 비극의 밀실 안에서 왕의 마지막 숨결을 손으로 받아낸 이는 환관 안신이었다. 영화 〈왕과 사는 남자〉의 영화적 상상력 속에서 그는 그림자일 뿐이나, 실존의 안신은 왕의 육신이 무너지기 전 그 영혼을 붙들었던 마지막 종착지였다.

그의 생애는 실록에 상세히 기록되지 않았다 그러나 단종이 사약을 앞에 두고 무너질 때 그 곁을 지키며 눈물을 닦아주었던 안신의 손은 조선사에서 가장 단단한 손이었다.

왕방연이 냇가에 앉아 시를 지으며 슬픔을 밖으로 흘려보낼 때, 안신은 닫힌 문안에서 주군의 떨리는 어깨를 감싸 안으며 그 비극을 안으로 삼켜냈다. 그의 손은 사약 사발을 건네는 손이면서, 동시에 주군이 바닥으로 쓰러지지 않게 받쳐드는 유일한 지지대였다.

그는 정치적 대의나 명분을 논하지 않았다. 그저 자신이 모시는 주인이 차가운 바닥에서 홀로 외롭지 않게, 그 마지막 존엄을 지켜주는 구체적인 보필에 집중했을 뿐

이다. 역사가 기록한 금부도사의 눈물은 유려한 문장이
되어 세상을 떠돌았지만, 기록되지 않은 환관의 손길은
그 밤 관풍헌의 짙은 어둠 속에 고여 오직 주군만을 향해
흐르고 있었다.

궁궐에서 영월까지
묵묵히 동행하다

안신은 단종이 '홍위'라 불리던 어린 시절부터 지척에
서 모셨던 인물로 전해진다. 할아버지 세종과 아버지 문
종의 사랑을 받던 어린 세자가 왕위에 오르고, 다시 숙부
에게 자리를 내어주며 상왕으로, 다시 노산군으로 강등
되어 머나먼 영월로 유배되는 그 모든 풍파를 안신은 묵
묵히 동행했다.

그는 매일 아침 왕의 머리를 빗기던 빗과 옷가지를 챙
겨 영월로 향했고, 그 빗질의 마무리를 죽음의 수습으로

갈음해야 했던 현장의 증인이었다. 그가 챙긴 보따리 안에는 왕의 평소 습관을 지탱하던 낡은 수건과 빗개, 가래를 받아내던 타호(唾壺)까지 들어있었다. 영월로 향하는 험난한 길 위에서 안신은 왕의 지팡이가 되었다.

환관에게 남은 유일한 정체성은 주인을 보살피는 직무뿐이었다. 좁은 가마 속에서 왕이 헛기침이라도 하면 그는 즉시 달려가 물을 올렸고, 잠자리가 바뀌어 뒤척일 때면 낮은 목소리로 궁궐의 옛이야기를 들려주며 왕의 불안을 잠재웠다.

그는 유배지 청령포의 틈새로 새어 드는 강바람을 막기 위해 창호지를 덧대고, 왕의 버선에 구멍이 나면 밤새 눈을 비비며 바느질을 했다. 관풍헌 마루 밑에 숯을 채워 습기를 막고, 매일 아침 왕의 세숫물 온도를 자신의 팔꿈치로 직접 확인하며 올렸다.

그에게 의리는 거창한 구호가 아니라 변함없는 행동이었다.

사약 소반이 밀려들어온
관풍헌의 밤

금부도사 왕방연이 영월 관풍헌 마당에 엎드려 사발이 놓인 소반을 밀어놓은 채 오열하고 있었다. 사약은 국가의 엄명이었으나, 한때 자신이 모셨던 어린 임금의 숨을 끊는 일은 평생 칼을 잡아온 무장에게도 감당할 수 없는 공포였다. 마당의 정적은 왕방연의 울음소리에 찢겼고, 사방을 포위한 군사들의 시선은 갈 곳을 잃고 바닥에 박혔다.

안신은 떨리는 손을 옷소매 안으로 숨기며, 왕의 마지막 위엄을 지키기 위해 필사적으로 평정심을 유지했다. 죽음을 명령받은 자와 그 죽음을 전달해야 하는 자 사이의 고통스러운 침묵을 그는 온몸으로 받아냈다.

사약을 앞에 둔 열일곱 소년 왕의 공포를 가장 가까이서 목격한 이는 오직 안신뿐이었다. 그는 통곡해서 왕의 마음을 어지럽히는 대신, 왕의 흐트러진 옷깃을 바로잡고 마지막 가는 길에 목이 메지 않도록 사발의 온도를 살폈다. 그것은 명령에 의한 복종이 아니라, 평생 왕의 일상을 관리해온 실무자가 다른 인간에게 줄 수 있는 가장 처연한 예우였다.

안신은 사발을 올리기 전, 왕이 앉은 자리를 조용히 매만졌다. "마마, 신이 지척을 지키겠나이다." 그 한마디는 살려달라는 주군이 홀로 죽음을 맞이하지 않게 하겠다는 환관의 마지막 복명이었다.

그는 왕이 사약을 들이켜는 순간에도 그 소리를 가슴으로 받아내며 고개를 깊이 숙였다. 왕의 무릎 곁을 단 한 치도 떠나지 않은 채, 사발이 바닥에 놓이는 마찰음이 들릴 때까지 숨을 참았다.

그는 빈 사발을 수거한 뒤, 준비해둔 깨끗한 수건을 꺼내 왕의 입가에 묻은 검은 흔적을 닦아냈다. 죽음의 문턱을 넘는 순간까지도 왕의 얼굴에 오점이 남지 않게 하려는, 안신이 수행한 마지막 '세수(洗手)'였다.

왕의 마지막 눈물을
수건으로 닦아내다

민간의 전승에 따르면 단종은 사약을 마시기 전, 한양에 남겨진 정순왕후를 떠올리며 한 줄기 눈물을 흘렸다고 한다. 안신은 품 안에서 해진 수건을 꺼내 그 뜨거운 눈물을 닦아냈다. 그 수건에는 왕의 슬픔과 함께 안신이 평생 바친 충절의 무게가 고스란히 배어들었다. 젖은 수건을 쥔 그의 손마디는 경련하듯 뒤틀렸으나, 눈물을 닦아내는 손길만은 부드러웠다.

그는 왕의 육신이 사약의 기운에 무너져 내릴 때, 왕의 머리를 자신의 무릎에 뉘었다. 차마 눈을 감지 못하는 어린 주인의 눈꺼풀을 자신의 떨리는 손가락으로 가만히 쓸어내리며, 안신은 비로소 억눌러왔던 소리 없는 오열을 터뜨렸다. 그것은 수하의 울음이라기보다, 자식을 먼저 보낸 아비의 통곡이었다.

왕의 맥박이 잦아들고 체온이 식어가는 과정을 온몸

으로 느끼며, 안신은 가장 먼저 왕의 신발을 정갈하게 모으고, 흩어진 의복을 추슬렀다. 그는 뻣뻣해지기 시작한 왕의 손가락을 제 가슴의 온기로 녹여가며 하나하나 펴서 깍지를 끼워주었다.

죽음이 앗아간 위엄을 되찾아주려는 듯, 그는 왕의 흩어진 머리카락을 빗겨 넘기고 옷매무새를 다듬어 마치 깊은 잠에 든 소년의 모습으로 돌려놓았다. 그 모든 손길이 끝나고서야 그는 왕의 발치에 엎드려, 다시는 대답하지 않을 주인을 향해 마지막 절을 올렸다.

왕의 마지막을 끝까지 지킨
고독한 파수꾼

왕이 승하한 후, 세조의 눈치를 보던 관리들이 모두 흩어졌다. 안신은 흩어지지 않았다. 그는 관풍헌 마루에 홀로 앉아 왕의 유품들을 하나하나 거두었다. 버려진 자리에 남은 것들은 많지 않았다. 옥관자 하나, 작은 연적, 청령포에서 직접 쓴 시 몇 장, 그리고 정순왕후가 마지막으로 보낸 노리개였다. 안신은 그것들을 수건으로 닦아 보자기에 싸며 손이 떨리는 것을 느꼈다.

그는 유품을 품에 안고 강가로 향했다. 관리들의 발소리가 사라진 영월의 새벽은 기이하리만치 고요했다. 시신이 강에 던져졌다는 말은 이미 들었다. 그 말을 들은 순간 그의 발은 저절로 강 쪽을 향했다. 늙은 몸으로 강가의 어둠 속을 걸으며, 그는 자신이 무엇을 하러 가는지 스스로에게 설명하지 않았다. 다만 걸었다.

강가에 이르렀을 때 시신은 이미 물 위에 떠 있었다. 안신은 강물 앞에 무릎을 꿇었다. 그는 물속으로 들어가지 못했다. 나이 든 몸으로 한겨울 동강을 건너는 것은 불가능했다. 그는 강가에 앉아 흘러가는 물을 바라보았다. 물살이 왕의 흰 옷자락을 끌어당기는 것이 보였다.

얼마나 지났을까. 어둠 속에서 인기척이 들렸다. 강 건너편에서 누군가 물을 건너오고 있었다. 엄흥도였다. 안신은 그를 알아보았다. 청령포에 있을 때, 틈이 날 때마다 강을 건너 왕을 찾아오던 그 영월 호장이었다. 두 사람은 말없이 서로를 바라보았다. 엄흥도의 옷은 강물에 흠뻑 젖어 있었고, 그의 아들들도 함께였다.

엄흥도가 시신을 수습하는 동안 안신은 그 곁에 서 있었다. 관리들이 모두 달아난 그 밤, 홀로 남은 안신은 엄흥도를 보고서야 참았던 눈물을 터뜨렸다. 그는 품 안에서 보자기를 꺼내 엄흥도에게 건넸다. "저승에서도 자취를 잃지 않게 이것들을 함께 묻어주시오." 왕이 아끼던 연적과 시 몇 장, 그리고 정순왕후의 노리개였다. 먼 길을 떠나는 주인이 그곳에서도 평소의 자취를 잃지 않기를 바라는 마음이었다.

엄흥도가 시신을 지고 산으로 향할 때, 안신은 왕의 빈 신발을 품에 넣고 그 뒤를 따랐다. 어둠 속으로 사라지는 지게의 뒤를 쫓는 늙은 환관의 발걸음은 무척 더디고 무거웠다.

기록되지 않은 후일담,
그리움이 남긴 흔적

단종이 떠난 뒤 안신의 행적은 공식적인 역사에서 자취를 감춘다. 어떤 이는 그가 주인의 뒤를 따라 스스로 삶을 마감했다고 하고, 어떤 이는 영월의 작은 절로 들어가 평생 왕의 명복을 빌며 여생을 보냈다고 전한다. 분명한 것은, 그는 소년 왕의 마지막 순간을 가장 곁에서 지켜본 유일한 목격자였다는 사실이다.

안신은 자신의 이름을 남기려 하지 않았다. 환관이라는 신분이 그러하듯, 그는 오직 주군이라는 빛을 돋보이게 하는 어둠으로 남기를 원했다. 그가 닦아낸 왕의 눈물과 그가 받쳐든 사약 사발은, 훗날 사람들 사이에서 '변치 않는 마음이란 무엇인가'를 보여주는 상징이 되었다. 역사는 그를 지웠으나 사람들은 그를 기억 속에 다시 깊이 새겨 넣었다.

민간에 전해온 이야기에 따르면 그는 남은 평생 영월

의 장릉을 향해 머리를 두고 잠을 잤으며, 궁궐에서 쓰던 손때 묻은 옷가지를 매일같이 매만지며 주인을 다시 만날 날을 기다렸다. 사약의 고통을 겪은 왕의 아픔을 나누기 위해 일부러 거친 음식을 먹으며 자신을 다스렸다는 이야기도 전해진다. 오늘날 장릉 근처에 전해지는 이름 없는 무덤이 안신의 것이라는 설은, 죽어서도 주인의 곁을 지키려 했던 그 집요한 그리움이 남긴 흔적이다.

역사가 기록하지 않은 자리에서 안신은 끝까지 버텼다. 그의 의리는 화려한 공적이 아니라, 아무도 보지 않는 곳에서 다한 '끝까지의 정성'이었다.

정순왕후 송씨(定順王后 宋氏)

- 1440년: 여산 송씨(礪山 宋氏) 판돈녕부사 송현수의 딸로 출생
- 1454년: 열다섯의 나이로 단종과 혼인. 왕비로 책봉
- 1455년: 세조 찬탈 이후 상왕비(上王妃)로 강등
- 1457년 6월: 단종 유배와 함께 서인(庶人)으로 강등되어 정업원에 입소
- 1457년 10월: 단종의 사망으로, 열여덟의 나이에 홀로 남겨짐
- 1521년: 82세의 나이로 정업원에서 별세

4장

정순왕후

잊으라는 세상에서
기억을
끝까지 붙들다

어린 왕과 비를 가둔
궁궐이라는 울타리

정순왕후는 송씨였다. 조선의 왕실 혼인은 집안과 집안의 결합이었고, 왕이 어릴수록 그 결정의 무게는 가혹했다. 왕비를 뽑는 것은 단순히 한 여성을 배우자로 고르는 일이 아니라, 조정이 '어느 집안을 왕의 곁에 둘 것인가'를 확정하는 정치였다.

왕비가 된다는 것은 화려한 전각을 얻는 일이 아니라,

죽을 때까지 벗어날 수 없는 경계가 그어지는 일이었다. 거처와 동선, 대화의 순서까지 법도로 묶였다. 왕비라는 자리는 특권이 아니라 평생의 감금이었다.

단종은 열네 살이었고, 왕후는 그보다 두 살 위였다. 대신들이 옥좌의 명분을 두고 논쟁하는 동안, 두 사람은 그 정치의 무게를 점점 서늘해지는 전각의 공기와 낯설게 바뀐 눈빛들로 체감했다.

18개월의 재위 기간 동안 두 사람의 생활은 '함께 사는 집'이 아니라, 정해진 예법에 따라 서로의 존재를 확인하는 구조였다. 왕이 경연을 마치고 중궁전의 문턱을 넘으면, 상궁들이 물러난 찰나의 시간에 "오늘은 별일 없었나요" 같은 일상의 말을 건넸다. 그 짧은 대면만이 좁은 궁궐 안에서 서로가 유일한 같은 편임을 확인하는 통로였다.

궁궐의 질서는 너무나도 빠르게 무너지고 있었다. 왕의 대신들은 수양대군의 집으로 모여들었고, 모든 결정은 궁궐 밖에서 내려져 들어왔다. 어린 왕후가 할 수 있는 일은, 전각을 울리던 발소리가 뜸해지고 왕의 식탁에 오르는 찬의 가짓수가 줄어드는 것을 그저 지켜보는 것뿐이었다.

영미다리 위에서
옷깃을 여미며 작별하다

세조가 움직이기 전부터 궁궐의 공기는 이미 달라져 있었다. 겉으로는 평소와 다름없는 격식이 지켜졌으나, 사소한 일상에서부터 균열이 생기고 있었다. 누가 수양대군의 집을 더 자주 드나드는지, 어느 대신이 예법을 핑계로 문안을 거르는지, 궁궐 내의 발소리가 어느 지점에서 멈추고 속삭임으로 바뀌는지, 이런 기척들은 기록으로 남기 전에도 이미 궁 안 사람들의 피부에 서늘한 징조로 와닿았다.

왕권이 흔들리자 임금의 이름부터 종잇장처럼 가벼워

졌다. 단종이 상왕을 거쳐 노산군으로 강등되는 과정은 단지 이름표만 바뀌는 일이 아니었다. 어제까지 고개를 숙였던 내관들이 오늘은 눈을 맞추지 않았고, 전각을 지키던 군사들의 창끝은 더 이상 밖이 아닌 왕이 머무는 안쪽을 향했다. 궐 안의 집기들은 하나둘 주인 없는 물건처럼 치워졌다.

결국 숙부에게 자리를 빼앗긴 어린 왕은 이제 한양에서 지워져야 할 존재가 되었다. 조정은 그를 멀리 강원도 영월의 험준한 산세 속으로 밀어내기로 결정했다. 유배의 길은 곧 죽음의 길이라는 것을 모두가 짐작하고 있었으나, 누구도 그 걸음을 멈추게 할 수 없었다.

영미다리에서 마지막 작별의 순간을 맞았다. 한양의 동쪽 문을 나서면 만나는 청계천 하류의 돌다리. 당시엔 '영미다리'라 불리던 평범한 길목이었으나, 훗날 사람들은 이 헤어짐 이후 영도교(永渡橋)라 고쳐 불렀다. 영원히 건너가버린 다리, 한 번 건너면 다시는 돌아올 수 없다는 비극적인 예언이 그 이름에 박혔다.

군사들이 다리 양끝을 막아섰다. 작별은 짧아야 했고, 실제로 그러했다. 단종은 떠나야 했고, 왕후는 홀로 남겨져야 했다.

왕후는 터져 나오는 말 대신 손끝으로 이별을 정리했다. 그저 낭군의 옷깃을 여미고 매무새를 고치는 손길. 모두가 지켜보는 다리 위에서 울지 않는 것이 무엇보다 중요했다. 울음이 터지면 빌미가 생기고, 빌미가 생기면 화가 미친다.

영도교는 지금도 서울 종로구 숭인동에 남아 있다. 현재는 복원된 다리 옆에 표지석이 세워져 그날의 작별을 증언하고 있다. 두 사람이 마지막으로 손을 놓은 그 자리가, 600년이 지난 지금도 서울 한복판에 남아 있다.

궁궐에서 정업원으로,
도심 속의 유배지

궁으로 돌아오는 길은 길었지만, 돌아갈 자리는 이미 달라져 있었다. 왕이 떠나고 남은 것은 부부의 인연이 아니라, 권력의 처분만을 기다리는 한 사람의 고립된 육신이었다.

그해 가을에 아버지 송현수가 국문 끝에 사약을 받고 죽었다. 단종 복위 운동에 연루되었다는 혐의였다. 딸이 서인으로 강등되고 남편이 영월로 밀려난 그 시기에 친정아버지마저 권력의 칼날에 스러진 것이다. 그 죽음들이 거의 같은 시간 안에 겹쳐 일어났다는 것만으로도 열여덟의 왕후가 감당해야 했던 무게를 짐작하게 한다.

호칭이 바뀌는 속도는 무자비했다. 궁궐의 서류에서 그녀의 이름은 지워지고 다시 적혔다. 군부인이라는 꼬리표가 붙는가 싶더니, 눈 깜빡할 사이 서인(庶人)이라는 낙인이 찍혔다.

그 과정은 선고로만 끝나지 않았다. 왕비의 일상을 지탱하던 물건들은 예외 없이 궁의 창고로 환수되었다. 비단과 집기들은 본래 그녀의 것이 아니라 '왕비'라는 자리에 딸린 부속물이었던 것이다. 중궁전에 속했던 궁인들도 흩어졌다. 누군가는 대비전으로, 누군가는 다른 전각의 말단으로 배치되었다.

서인이 되었다는 것은 단순히 가난해졌다는 뜻이 아니다. 조선 사회에서 신분은 재산이 아니라 국가가 제공하는 거대한 보호의 울타리였다. 그 울타리가 뽑혀나가는 순간, 누구든 그녀를 함부로 대해도 법이 눈을 감는 상태가 된다. 왕실 여성이 서인이 되는 것은 단순한 강등이 아니라 생존을 지탱하던 마지막 안전판이 부서지는 일이었다.

그녀가 옮겨진 숭인동 기슭의 정업원은 본래 갈 곳 없는 후궁들이 머물던 고립된 공간이었다. 조정은 그녀를 궁 밖으로 내보내면서도 결코 자유를 허락하지 않았다. 한양 한복판에 두어 감시의 눈길 아래 가두는 창살 없는 감옥이었다.

세조가 정순왕후를 정업원으로 보낸 것은 단순한 처분이 아니었다. 완전히 내쫓으면 동정 여론이 생기고, 궁 안에 두면 정통성의 빌미가 된다.

정업원은 그 사이의 절묘한 선택이었다. 감시는 하되 책임은 지지 않는, 조정이 고안한 가장 정치적인 유배였다. 그녀를 한양 한복판에 두되 누구와도 섞이지 못하게 하는 것, 살아있되 존재하지 않는 것처럼 만드는 것이 목적이었다.

정업원의 담장은 낮았으나 그 너머의 시선은 성벽보다 깊었다. 대문을 나서면 바로 백성들의 삶터가 이어졌고, 서인이 된 왕비는 담장 너머로 들려오는 시장의 소음을 들으며 하루하루를 보냈다. 성 안의 삶은 끝났으나 그렇다고 해서 성 밖의 삶에도 속하지 못했다. 정업원은 그런 곳이었다.

땀을 흘리며
서인의 하루를 살아내다

정업원의 새벽은 물을 긷는 일로 시작되었다. 곁을 지키는 매화의 만류를 물리치고 왕후는 자주동샘으로 나갔다. 그녀는 왕비 시절의 밥상이 거저 주어지는 풍경이 아니라, 누군가의 뼈를 깎는 노동의 산물이었음을 몸으로 깨달았다.

직접 물동이를 들어 언덕을 오르고, 얼어붙은 손을 비비며 땔감을 갈무리하는 일은, 거친 현실을 제 손으로 책임지겠다는 단호한 선언이었다.

손톱 끝은 매화와 마찬가지로 늘 자주색으로 물들어 있었다. 매화가 자초를 구해오면, 왕후는 그것을 삶고 우려내어 남의 천을 물들이는 고된 수고를 직접 맡았다. 왕실의 상징이었던 색이 생계의 도구가 되었다.

매화의 보필은 그늘이었으나, 그 그늘 아래서 실제로 땀을 흘리며 서인의 하루를 살아낸 것은 왕후 자신의 억

척스러운 손길이었다.

먹고사는 일은 장터와 연결되어 있었지만, 그녀는 장터에 발을 들일 수 없었다. '보면 화를 당하는 사람'이었기에, 매화가 그 위험한 길을 대신 오갔다. 매화가 여인시장에서 기지를 발휘해 가져온 보리 한 자루, 배추 한 포기가 식탁에 오르기까지, 왕후는 그것을 가장 귀하게 갈무리하는 '안의 살림'을 치열하게 해냈다.

숭인동 골목에서 벌어지는 여인시장은 공식 시장과는 다른 결로 움직였다. 누군가가 바구니를 들고 지나가다가 발끝으로 자루 하나를 슬쩍 밀어두면, 매화는 그것을 낚아채듯 거두어 정업원 안으로 들였다. 왕후는 그 투박한 조력을 결코 거저 얻는 덤으로 여기지 않았다. 매화가 밖에서 겪어낸 수모와 긴장의 대가로 무겁게 받아들였다.

동쪽을 향한 아침 문안,
매일의 의식이 되다

영월에서 소식이 들려온 것은 유배 후 넉 달 만이었다. 단종의 승하. 비보는 정업원의 문턱을 넘었고, 그녀는 그 소식을 홀로 받았다.

소문이 무성했으나, 그녀가 할 수 있는 일은 적막한 방안을 지키는 것뿐이었다. 죽음의 무게가 온전히 덮친 그 밤, 그녀를 지탱해주던 마지막 세계가 무너졌다. 그러나 그녀는 그 무너진 자리에서 스스로를 꺾지 않았다. 곡기를 끊고 뒤를 따르는 대신, 그녀는 남겨진 생이라는 형벌을 정면으로 받아내기로 했다.

그녀는 정업원 뒤편 바위에 올랐다. 그리고 영월이 있는 동쪽을 향해 절을 올렸다. 새벽 안개가 걷히기 전, 사람들이 입을 열어 소문을 만들기 전의 시간이었다. 한 번, 두 번, 세 번. 세조가 죽고 왕이 네 번 바뀌는 동안, 아침의 의식은 단 하루도 멈추지 않았다.

조선의 왕실에서 아침 문안은 살아있는 웃어른에게 올리는 의례였다. 정순왕후는 그 형식을 죽은 왕에게 그대로 이어갔다. 충절이라고 부를 수도 있지만, 그것만으로는 부족하다. 권력은 그녀의 신분을 빼앗고, 재산을 빼앗고, 남편을 빼앗았다. 그러나 매일 새벽 동쪽을 향해 이마를 바닥에 대는 그 행위만은 누구도 금지할 수 없었다. 그것은 죽은 왕을 향한 예우이기 이전에, 아무도 통제할 수 없는 그녀만의 유일한 자유였다. 그녀가 올랐던 정업원 뒤편 바위는 지금도 서울 성북구 동망봉 일대에 남아 있다. 사람들은 그 자리를 망경대(望京臺)라 부르며 기억하고 있다.

궁에서 때때로 보내온 양식이나 전각을 지어주겠다는 제안은 단호히 거절했다. 의존하는 순간 그녀의 삶은 다시 권력의 통제 아래 놓인다는 것을 알았기 때문이다. 지독한 결핍 속에서도 그녀가 지켜낸 것은 왕비의 명예가 아니라, 누구에게도 굴복하지 않은 한 인간의 고결한 자존이었다.

기어이 64년을 살아내
생의 존엄을 증명하다

1521년(중종 16년) 그녀는 숨을 멈췄다. 관아의 기록에는 '서인 송씨 사망'이라는 짧은 문장만 남았다. 죽어서도 그녀는 영월로 가지 못하고 사릉에 묻혔다. 국가가 마지막까지 두 사람을 분리하려 했기 때문이다. 같은 땅에 두면 의미가 합쳐지고, 합쳐진 의미는 권력에 위협이 된다고 세조는 믿었을 것이다.

사릉(思陵)은 지금의 경기도 남양주시에 있다. 단종이 묻힌 영월 장릉과는 200리 가까이 떨어진 거리다. 국가는 두 사람을 살아서도, 죽어서도 같은 땅에 두지 않았다. 사릉이라는 이름 자체가 그 슬픔을 담고 있다. '사모할 사(思)'자를 쓴 이름으로, 훗날 사람들이 그녀의 그리움을 능의 이름에 새겨 넣은 것이다.

64년의 세월 동안 그녀가 한 일은 거창한 복수가 아니었다. 그녀는 그저 살았다. 밥을 짓고 물을 긷고 천을 물들이며 생을 이어 붙였다.

세조는 그녀가 스스로 무너지기를, 혹은 비굴하게 구걸하기를 기다렸을지 모른다. 그러나 그녀는 매일 아침 밥을 짓고 옷을 기우는 행위로, 자신의 생이 누군가의 허락에 의해 유지되는 것이 아님을 증명했다.

그녀는 비가 오나 눈이 오나 매일 동쪽을 향해 절을 올렸다. 그것이 그녀가 죽은 왕에게 건넬 수 있었던 신의였고, 말이 금지된 시대에 오직 몸의 동작으로 권력에 대항해 인간의 존엄을 지켜낸 방식이었다.

역사는 끝내 그녀의 손을 들어주었다. 1521년(중종 16년) 서인 송씨로 죽은 그녀는 1698년(숙종 24년) 단종과 함께 복위되었다. 241년 만의 일이었다. 관아의 서류에서 지워졌던 이름이 다시 왕비의 자리로 돌아왔다. 그녀가 64년 동안 지켜낸 것이 무엇이었는지를, 역사가 뒤늦게 확인해준 셈이었다.

금성대군 유(錦城大君 瑜)

- 1426년: 세종의 여섯 째 아들로 출생
- 1452년: 문종 임종 때 단종을 보필하라는 유언을 받음
- 1455년: 세조 즉위 후 하사품을 거부하고 정통성 부정. 삭녕으로 유배
- 1456년: 단종 복위 모의 연루 혐의로 경상도 순흥으로 위리안치
- 1457년: 순흥 부사 이보흠과 단종 복위 거사를 도모하다가 격문이 발각됨
- 1457년 10월: 거사 실패 여파로 순흥부 폐지 및 정축지변 발생
- 1457년 10월: 안동 옥사에서 사사. 향년 32세

조카를
홀로 두지 말라는
유언을 받들다

문종이 남긴 유언과
약탕관의 온기

금성대군 유는 세종의 여섯째 아들이자 수양대군의 친동생이었다. 세종의 여덟 적자 중 수양은 권력을 탐했고, 안평은 세를 불려 대항했으나 다른 대군들은 침묵으로 생존을 도모했다. 그 거대한 소용돌이 속에서 금성대군은 형인 문종의 유언을 받드는 길을 택했다.

승하를 앞둔 문종이 동생 수양의 야심을 경계하며 군

이 금성을 은밀히 불렀던 데에는 이유가 있었다. 금성은 권력의 중심에서 비켜나 있었으나, 형제들 중 가장 성정이 곧고 세종이 세운 예법을 몸으로 익힌 인물이었다. 정치적 계산보다 도리를 앞세우는 동생의 우직함을 알았기에, 문종은 자신의 사후에 벌어질 비극을 막을 유일한 보루로 금성을 지목했던 것이다.

문종은 동생의 손을 잡고 말했다. "부디 저 아이를 홀로 두지 마라." 그 말은 부탁이 아니라 절박한 당부였다. 그날 이후 문종의 당부는 금성대군이 평생을 걸쳐 완수해야 할 단 하나의 과업이자 숙명이 되었다.

단종과의 각별했던 기억도 채 사라지지 않았다. 단종이 즉위 초 열병으로 앓아누웠을 때, 금성대군은 문종의 당부를 받들어 밤낮으로 조카의 침소를 지켰다. 그는 왕실의 종친으로서 격식을 차리는 대신, 직접 약초를 고르고 불 앞에 앉아 약탕관을 돌보았다.

단종은 즉위 첫날부터 예법을 흐트러뜨리지 않았다. 대신들이 눈치를 살피며 절차를 생략하려 할 때도, 소년은 정해진 순서를 끝까지 지켰다. 종묘 제례에서 향을 올리는 손이 떨리지 않았고, 경연에서 『논어』를 읽는 목소리는 또렷했다. 금성대군은 그 모습을 곁에서 보았다. 열네 살 소년이 흔들리는 조정 한가운데서 예법을 몸으로 붙드는 것을 보며, 금성대군은 문종의 유언이 무엇을 뜻하는지를 비로소 온전히 이해했다.

찬탈의 정당성을 확보하려는 수양에게 금성은 반드시 포섭해야 할 종친의 핵심이었다. 종친의 핵심이 등을 돌린 채 있다는 것은 새 권력에 균열이 생기는 일이었다. 그러나 금성대군은 세조의 하사품들을 단호히 거절했다. 그는 권력이 내민 화려한 선물보다, 문종의 애절한 유언과 약을 달이며 지새웠던 기억을 더 무겁게 여겼다. 수양의 하사품은 신의를 저버린 자가 건네는 부끄러운 대가일 뿐이었다.

형제들이 권력에 줄을 서거나 은거를 택할 때 금성대군이 홀로 저항을 멈추지 않은 이유는 명확했다. 그의 의리는 문종의 엄중한 유언에서 시작되어, 약탕관을 돌보던 손끝의 기억으로 완성되었다. 공적인 명분과 사적인 정성이 빈틈없이 맞물렸기에, 그는 기득권이라는 화려한 울타리를 버리고 스스로 유배의 길을 택할 수 있었다.

화려한 왕족에서
죄인으로 추락하다

조정은 하사품을 거절하며 정통성을 고집하는 그를 그대로 두지 않았다. 수양의 측근들은 금성대군이 사저에 무단으로 군기를 비축하고 무속인을 불러들여 수양대군을 저주했다는 혐의를 씌웠다.

특히 대군이 종친들과 비밀리에 결탁해 궁궐 내부의 동향을 살폈다는 '결탁설'은 그를 유배지로 보내는 결정적인 행정적 근거가 되었다. 뚜렷한 물증보다는 정치적 필요에 의해 구성된 이 혐의들은 그를 왕실의 일원에서 국가의 반역자로 순식간에 추락시켰다.

왕실의 화려한 의관 대신 거친 삼베옷을 입고 유배길에 올랐다. 종친으로서 누렸던 모든 행정적 권위는 박탈당했고, 신분은 죄인으로 추락했다.

삭녕은 첫 번째 유배지였다. 그러나 조정은 그곳에서도 금성대군이 조용하지 않다는 것을 곧 알아챘다. 찾아오는 사람이 있었고, 전해지는 말이 있었다. 한양과 너무 가까웠다.

조정은 그를 더 멀리, 더 깊은 곳으로 밀어내기로 했다. 소백산맥을 넘어야 닿는 경상도 순흥이었다. 유배지가 바뀔 때마다 거리는 멀어지고, 감시는 촘촘해졌다. 국가가 한 사람을 지우는 데 얼마나 집요할 수 있는지를, 그 이동 경로가 증명하고 있었다. 조정은 그를 소백산맥 뒤편의 깊은 오지에 가두어 금성대군과 세상과의 소통을 완전히 차단하려 했다.

순흥에 도착한 그를 맞이한 것은 환대하는 관리들이 아니라, 집 주위를 에워쌀 탱자나무 가시뭉치들이었다. 위리안치(圍籬安置), 집 주위에 가시 울타리를 치고 죄인을 가두는 조선의 형벌은 그를 물리적으로 고립시켰다. 본래 탱자나무는 남해안의 따뜻한 기후에서 자생하는 수종으로, 추위가 혹독한 소백산 아래 순흥은 이 나무가 생존하기 힘든 환경이었다. 그러나 기후와 상관없이 가시 울타리를 유지하려는 국가의 집요함은 그 자체로 거대한 감옥이었다. 가시 울타리는 원래있던 자연물이 아니라 한 인간을 지워버리기 위해 국가가 보수하고 관리하는 살아있는 창살이었다.

금성대군이 외부와 소통할 수 있는 유일한 통로는 하루 세 번 밥상이 들어오는 작은 구멍뿐이었다. 그에게 가장 고통스러운 것은 가시 돋친 울타리가 아니라, 철저히 차단된 정보였다. 어제까지 국가의 대사를 논하던 종친이었으나, 이제는 좁은 방 안에서 홀로 영월의 흉흉한 기운을 짐작하며 조카의 안위를 확인할 단서 하나를 절박하게 기다렸다.

가시 울타리 안에서 복구한
국가의 설계도

순흥의 낮은 길고 고요했다. 울타리 밖 관군들의 창끝 부딪치는 소리는 정해진 시간표에 따른 행정적 소음일 뿐이었다. 가시 울타리 안에서 그가 견뎌야 하는 것은 육신의 고립이 아니라, 조선의 근간이었던 법도가 무너진 뒤에 찾아온 공허였다.

그는 좁은 마당을 돌며 궁궐의 전각 사이를 흐르던 단정한 규칙들과, 어린 임금이 몸소 보여주었던 흔들림 없는 예법의 순간들을 복기했다. 그에게 예법은 단순한 예절이 아니라, 국가라는 거대한 기계가 오차 없이 돌아가게 하는 정교한 설계도였다. 무너진 체계 속에서 그가 할 수 있는 유일한 의리는, 조카와 공유했던 그 기억을 복위의 정당성으로 갈무리하는 일이었다.

그는 순흥의 선비들에게 자신이 목격한 '단종의 예법'을 들려주었다. 조선에서 예법을 지킨다는 것은 국가의 공적 질서를 수호하겠다는 선언과 같았다. 종묘 제례에서 보여준 단종의 단정함과 경연에서의 명징한 논리는 그가 내세운 가장 강력한 복위의 근거였다. 선비들은 대군의 목소리를 통해 자신들이 지켜야 할 대상이 한 명의 어린아이가 아니라, 수양대군에 의해 뒤틀린 조선의 올바른 질서임을 인지했다.

감시자였던 순흥 부사 이보흠이 마음을 돌린 것도 이 지점이었다. 대군은 이보흠에게 정통성을 복구하는 것이 단순한 반란이 아니라, 뒤틀린 행정을 바로잡는 지방 관료로서의 도리임을 설득했다.

감시하러 온 사람이 거사의 공모자가 되는 데는 그리 오랜 시간이 걸리지 않았다. 이보흠은 본래 충직한 관료였다. 그는 조정의 명령에 따라 울타리를 지켰으나, 울타리 안에서 들려오는 대군의 말을 매일 들었다. 단종의 예법, 문종의 유언, 뒤틀린 행정의 실상. 그것은 설득이라기보다 확인이었다. 이보흠 자신도 이미 알고 있던 것들이었다.

두 사람은 담장 사이의 구멍을 통해 세금 장부로 위장한 밀지를 주고받으며 거사를 모의했다. 그들은 비밀리에 군량미 수급 장부를 점검하고, 단종이 다시 보위에 올랐을 때 발표할 복위 선언문의 문구 하나하나를 검토했다. 가시 울타리는 여전히 견고했으나, 그 안에서는 새로운 국가의 설계도가 그려지고 있었다.

아궁이에서 불타 사라진
마지막 격문

대군은 전답을 처분한 군자금이 순흥의 물산과 결합해 어떻게 물리적 화력으로 변환될 수 있는지 이보흠에게 조목조목 짚어주었다. 당시 순흥은 소백산의 약재와 영남 내륙의 물산이 집결하는 거점이었다. '금순흥'이라 불릴 만큼 풍요로웠던 이 고을의 경제력은 금성대군에게 거사의 실질적인 자금줄이 되었다. 그는 왕실 종친으로서 가졌던 자산을 이 거대한 상업망에 투입해 은밀히 병장기와 식량으로 치환시켰다.

영남의 군사력을 모아 영월의 단종을 구출하고 한양으로 진격한다는 밑그림은 단순한 거사가 아니었다. 그것은 무너진 왕실의 기강을 바로잡고 정통성을 회복하려는 치밀하게 계산된 정치적 승부수였다.

금성대군은 밤마다 등잔불을 가리고 격문을 썼다. 이는 단순한 감정 호소가 아닌, 군사 동원과 거사 날짜를 명시한 실무적 문서였다. 종친부의 행정망을 활용해 보부상 조직까지 포섭한 격문들은 유배지의 좁은 방에서 복사되어 전국으로 퍼져나갔다.

이 은밀한 복사 과정은 소리 없는 전쟁이었다. 유배지의 좁은 방 안에서 대군이 써내려간 단 한 장의 원본은, 순흥 선비들의 손을 거치며 수십 장의 부본으로 증식되었다. 각 지역의 거점 인물들에게 전달될 지령이었다. 보부상들은 이 격문을 물품 장부 사이에 숨기거나 옷감 안감에 꿰매어 영남의 산맥을 넘었다. 행정망 밖에서 작동하는 이 비밀스러운 물류망은 권력이 장악한 공식 길목을 피해 전국 선비들의 서재까지 도달했다.

대군은 격문 귀퉁이에 단종과 경연에서 함께 읽었던 『소학』의 구절을 대군 특유의 필치로 써넣었다. 격문을 받아든 선비들은 그 정갈하고 꼿꼿한 서체로 미루어 이것이 대군의 진의(眞意)이자 결코 가짜가 아님을 알아챘다. "부모를 섬기고 형제를 사랑하라"는 평범한 글귀는 대군의 필체를 입는 순간, 영남 선비들을 '인간의 도리'라는 하나의 대오로 묶어세우는 명령서가 되었다.

하지만 조정의 밀탐은 집요했다. 격문의 사본 하나가 안동 감영으로 넘어간 순간, 모든 설계는 무용지물이 되었다. 관군이 들이닥치기 직전, 대군은 품속에 남은 마지막 격문 꾸러미를 아궁이 속에 밀어 넣었다. 그는 타오르는 불꽃을 응시하며, 이제 마자막으로 지켜야 할 것은 자신을 믿고 움직인 이들의 생명임을 직시했다. 설계도는 재가 되었으나, 그가 선택한 침묵은 마지막까지 지켜야 할 가장 무거운 의리가 되었다.

한 마을을 지운
정축지변의 피비린내

거사가 발각된 후, 세조는 순흥 전체에 연좌율을 적용했다. 이는 주모자 처벌을 넘어 한 고을을 행정적으로 말살하려는 조치였다. 순흥부는 폐지되었고, 고을은 인근 현으로 강등되어 흡수되었다.

이 사건을 역사는 정축지변(丁丑之變)이라 부른다. 1457년 정축년에 일어난 변란이라는 뜻이다. 단종 복위를 위한 여러 시도 중 가장 조직적이고 실질적인 거사였으나, 동시에 가장 참혹한 결말을 맞은 사건이기도 했다. 주모자 한 사람의 처벌로 끝나지 않고 고을 전체가 지도에서 지워졌다는 점에서, 정축지변은 세조 권력이 반역에 어떻게 응답하는지를 조선 전체에 보여준 공포의 시범이었다.

죽계천을 따라 늘어선 처형장은 쇳소리로 가득 찼다. 금성대군은 안동으로 압송되며 자신이 사랑했던 순흥이 잿더미로 변하는 것을 목격했다. 죽계천 인근에서 자행

된 대량 학살로 "피가 십 리를 흘러 하류까지 물들였다"는 참혹한 기록이 남았다.

물리적 도륙보다 더 무서운 것은 고을 자체를 반역의 땅으로 규정해 조선의 지도에서 지워버린 행정적 형벌이었다. 고을의 품격이었던 향교는 헐렸고, 수백 년간 축적된 장부와 기록들은 불태워졌다. 금성대군은 안동 옥사에서 그 소식을 들었다. 자신이 지키려 했던 정통성이 현실의 권력 앞에 얼마나 무참히 지워질 수 있는지를 목도하는 시간이었다.

그러나 그는 이 비참한 결과 앞에서도 무너지지 않았다. 옥사를 찾아온 관원들에게 단종의 정통성을 설파하는 마지막 변론을 멈추지 않았다.

결국 세조는 왕권 강화를 위해 친동생의 죽음을 선택했다. 금성대군은 그 결정이 자신에게 도달하기만을 의연하게 기다렸다. 사약 사발을 앞에 둔 순간, 그는 피로 물든 죽계천을 떠올렸을 것이다.

어떤 힘으로도 지울 수 없는
정직한 의리

집행관이 가져온 사약 사발은 평범한 도기였다. 그는 사약 사발을 받기 전 옷매무새를 가다듬었다. 그것은 죽음을 앞둔 비장함이 아니라, 왕실의 일원으로서 갖추어야 할 마지막 예법이었다.

사약을 마시기 전 금성대군은 집행관에게 단종의 소식을 물었다. 조카에게도 곧 같은 사약 사발이 전달될 것임을 직감한 그는 마지막으로 북쪽을 향해 절을 올렸다. 그 방향에 단종이 머무는 영월이 있었다.

금성대군이 머물던 순흥의 가시 울타리는 불태워졌고, 고을은 지도 위에서 지워졌다. 하지만 그가 울타리 안에서 유지했던 의지는 사라지지 않고 영남 선비들의 은밀한 기록 속으로 숨어들었다. 세조는 순흥이라는 이름을 지워버렸으나, 살아남은 이들은 가첩(家牒)이나 비밀스러운 사문(私文) 속에 대군의 필체와 그가 설파한 논리적 변론을 기록해두었다.

이 기록들은 훗날 역사적 반전의 실무적 근거가 되었다. 숙종 대에 이르러 그가 '충민(忠閔)'이라는 시호와 함께 복권되었을 때, 선비들이 대대로 지켜온 이 비공식 기록들은 국가의 공식 기록을 수정하는 결정적인 증거로 작동했다.

금성대군은 조카를 홀로 두지 않겠다는 형 문종과의 약속을 죽음으로써 지켰다. 죽계천 옆에 세워진 금성단(錦城壇)은 단순한 위령의 장소가 아니라, 권력이 결코 삭제할 수 없었던 인간의 존엄을 증명하는 역사의 지문으로 남아 있다. 그가 지키려 했던 것은 어떤 힘으로도 지울 수 없는 정직한 의리였다.

유응부: 쇠꼬챙이가 살을 뚫어도 입을 열지 않다

성삼문: 인두가 살을 지져도 문장은 흔들리지 않다

박팽년: 글자 하나로 부당한 권력과 맞서 싸우다

이개: 찬양의 시 대신 벼루에 물 한 방울만 담다

하위지: 녹봉으로 받은 쌀을 썩혀 신하이길 거부하다

유성원: 권력의 국문을 거부하고 자신을 삭제하다

부당한 권력에 맞서
목숨을 던진 사람들

첫째 마당이 사람 사이의 뜨거운 의리를 다루었다면, 둘째 마당은 공적인 자리에서 의리를 실천한 이들에 대한 기록이다. 사육신이라 불리는 이 6인은 개인적인 감정을 넘어, 체제의 부조리에 저항하며 지식인의 책무를 행동으로 옮겼다.

그들에게 의리는 임금을 향한 충성을 넘어, 평생 연마한 학문적 신념과 공적 책임감을 증명하는 과정이었다. 누군가는 죽음을 예감하면서도 사관의 직분을 다해 진실을 기록했고, 누군가는 권력이 내리는 부당한 녹봉을 거부하며 시대의 위선을 꾸짖었다. 세상이 권력의 편에 설 때, 이들은 자신의 원칙을 끝까지 놓지 않았다.

그들이 지킨 것은 한 소년 왕의 목숨만이 아니라, 권력이 침범해서는 안 될 인륜과 상식의 경계였다. 유응부는 쇠꼬챙이가 살을 관통하는 고통 속에서도 입을 열지 않았고, 성삼문은 인두가 살을 지지는 순간에도 문장을 흐트러뜨리지 않았다. 그들의 저항은 감정의 분출이 아니라 평생 쌓아온 신념의 완결이었다.

권력은 그들의 육신을 파괴할 수 있었으나, 그들의 신념은 끝내 꺾지 못했다. 살이 타고 뼈가 부러지는 자리에서 그들이 기어이 지켜낸 것은, 단순한 충절이 아닌 인간의 마지막 품격이었다.

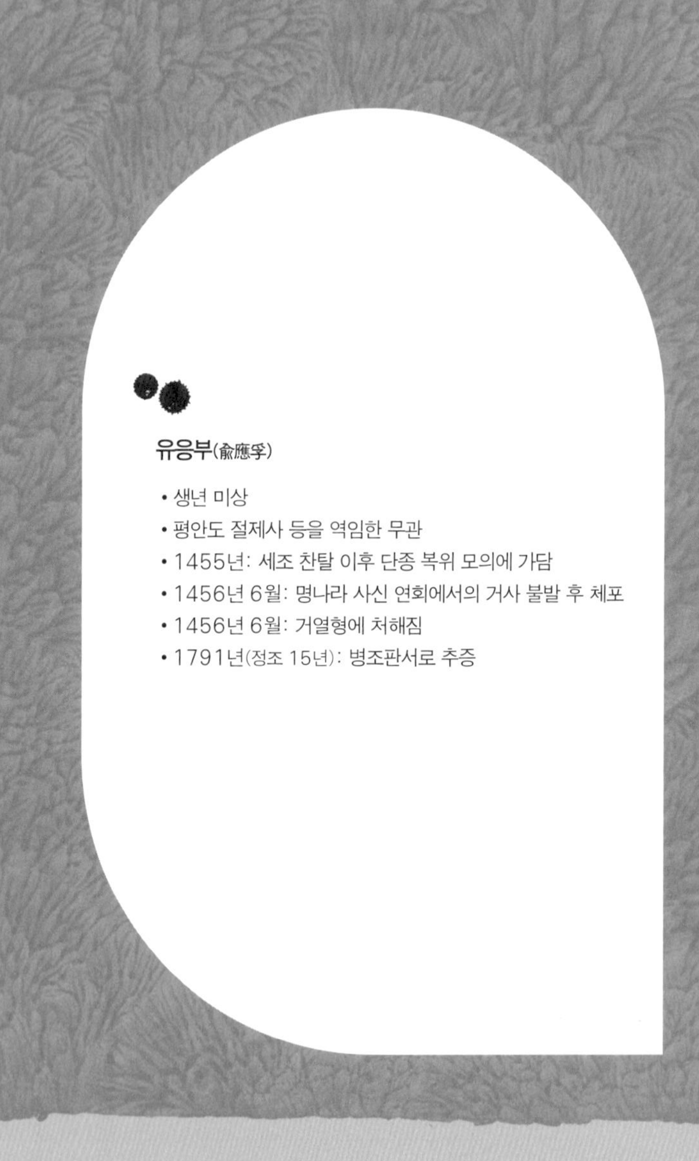

유응부(兪應孚)

- 생년 미상
- 평안도 절제사 등을 역임한 무관
- 1455년: 세조 찬탈 이후 단종 복위 모의에 가담
- 1456년 6월: 명나라 사신 연회에서의 거사 불발 후 체포
- 1456년 6월: 거열형에 처해짐
- 1791년(정조 15년): 병조판서로 추증

6장

유응부

쇠꼬챙이가
살을 뚫어도
입을 열지 않다

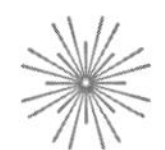

세종의 활을 쥐고
변방의 성곽을 지키다

유응부는 세종 대부터 북방의 국경을 호령하던 전형적인 무인이었다. 실록은 그를 가리켜 "키가 매우 크고 얼굴이 씩씩하며, 배 둘레가 두어 아름이나 되었다"고 적고 있다. 압도적으로 당당한 체구만큼이나 성품도 거침이 없었고, 최전방의 현장에서 평생을 대장부의 기개로 버텼다.

그는 평안도 절제사 시절, 여진족의 침입 경로를 차단하기 위해 지형을 이용한 방어 진지를 구축하는 데 탁월한 능력을 보였다. 성벽의 보수 상태를 직접 손으로 훑으며 점검할 정도로 현장 중심적인 장수였다. 군사들은 그의 거구에서 뿜어져 나오는 위압감과 빈틈없는 실무 능력에 압도되어, 북방의 거친 환경 속에서도 군령을 어기는 일이 드물었다.

세종은 유응부의 호탕한 기상과 범상치 않은 활쏘기 실력을 아꼈다. 화살 한 대로 학 두 마리를 꿰뚫었다는 그의 무용담은 단순한 무술 실력을 넘어, 그가 가진 무인으로서의 집중력이 어느 정도였는지를 보여주는 상징적 사건이었다. 세종은 용장인 그에게 곰 가죽을 입힌 활 '웅천궁(熊川弓)'을 직접 하사해 무인으로서의 최고의 명예를 안겨주었다.

유응부는 화려한 수사로 자신을 포장하는 장수가 아니었다. 변방의 성곽을 보수하고 군사를 조련하며, 보이지 않는 명분보다 눈앞의 병장기와 식량의 상태를 점검하는 현장의 무인이었다. 강직한 무인 유응부에게 조선이란 자신이 웅천궁을 들고 지켜온 실재하는 산천이었으며, 그 질서가 무너지는 것을 그는 사직(社稷)의 위기로 받아들였다.

고기 없는 식탁이 보여주는
엄격한 삶

유응부의 호탕한 기상은 문 밖을 나서는 순간 지독할 정도의 결벽으로 변했다. 절제사라는 고위 무관직을 지냈음에도 그의 집은 늘 비바람을 겨우 피할 정도로 초라했다. 식탁에는 고기 한 점 오르지 않았고, 곡식이 떨어져 아내가 한탄했다는 일화는 그의 생활이 얼마나 청렴하고 엄격했는지를 보여준다.

당시 무관은 군량미와 역마를 관리하며 공적인 물자를 사사로이 취할 수 있는 수많은 길목을 쥐고 있었다.

유응부에게 남겨진 빈곤은 그가 공무의 엄중함을 개인의 주머니로 연결하지 않았음을 여실히 보여준다. 그는 "사사로운 이익으로 움직이지 않는 사람이다"는 평판을 삶 자체로 증명해냈다. 그 결벽이 조정 내에서 그를 '믿을 수 있는 유일한 칼날'로 각인시켰다.

변방에 있던 유응부가 중앙 관직인 상호군(上護軍)으로 발령받아 한양으로 올라왔을 때, 변방에서 모은 재물이 전혀 없어 이삿짐조차 꾸릴 것이 없었다는 일화는 유명하다.

그는 말 한 필과 자신의 활, 그리고 평생을 함께한 낡은 갑옷 한 벌만을 단출히 챙겨 길을 떠났다. 관직의 높이가 생활의 풍요로 이어지지 않는 그의 삶은, 문종 승하 후 기강이 해이해진 조정 관료들에게 침묵의 경고와도 같았다.

문관들이 주도한 복위 거사에서 무인 유응부가 핵심 실행자로 낙점된 것은 단순히 그의 힘이 세고 용맹해서가 아니었다. 거사의 성패는 유혹에 흔들리지 않고 비밀을 지켜낼 단단한 인물에게 달려 있었기 때문이다. 유응부의 청렴함은 거사의 기밀을 보호할 유일한 명분이었다.

흐트러진 군령을 바로잡고자
거사에 동참하다

문종 승하 후 궁궐의 경비 법도는 즉각적으로 변했다. 유응부가 지휘하던 초소의 배치 인원이 조정되었고, 야간 통행금지 구역의 경계선이 안쪽으로 당겨졌다. 상부의 공식 지시서가 내려오기 전, 현장 군사들의 동선에서 먼저 나타난 심상치 않은 징후였다. 특정 전각 주위에 배치된 병사들의 무기가 평소보다 날카롭게 정비되었고, 보고를 받는 관원의 직급이 달라졌다.

유응부에게 있어 왕위 찬탈은 정치적 논쟁이 아니었다. 자신이 평생 지켜온 경계의 대상이 강제로 교체되는 위기였다.

그는 평소 알고 지내던 하급 군관들로부터 "상부의 명령이 장부가 아닌 사적인 서신으로 내려오기 시작했다"는 불만을 접수했다. 군령의 엄밀함이 사라지고 신구 세력 간의 눈치 보기가 시작된 현장은, 무관인 유응부에게 국가의 기틀이 흔들리는 매우 위태로운 신호였다. 그는 밤마다 병영의 기록을 점검하며, 무너진 기강을 바로잡기 위해서는 논리가 아닌 강력한 힘의 복원이 필요함을 절감했다.

그는 명령의 계통과 보고 체계가 흐트러지고 군령이 사적인 명분에 따라 움직이는 것을 국가 기강의 붕괴로 판단했다. 질서가 무너진 궁궐에서 무인이 할 수 있는 유일한 사명은 다시 정통성 있는 지휘관을 세워 군 질서를 복구하는 일뿐이었다. 그는 화려한 명분보다 흐트러진 군령을 바로잡아야 한다는 결단에 따라 복위 거사에 몸을 던졌다.

운검의 금지와
어긋나버린 시간

1456년(세조 2년) 6월 명나라 사신을 위한 연회날이 거사일로 확정되었다. 유응부는 운검(雲劍, 임금을 호위하던 무관의 직책)으로 선발되어 세조의 뒤에 설 예정이었다. 찰나에 상황을 매듭짓는다는 계산이었다.

그러나 연회 직전, 세조는 장소가 좁다는 이유로 운검을 세우지 말라는 명을 내렸다. 성삼문 등 문신들은 후일을 기약하자며 유응부를 만류했다. 유응부는 칼을 던지며 탄식했다. "서생들과 함께 일을 도모한 것이 어리석었다."

연회장 주변의 병력 배치는 이미 세조의 측근들로 촘촘히 보강되어 있었다. 자리가 좁다는 이유는 핑계일 뿐, 거사의 낌새를 챈 권력이 먼저 선수를 친 것임을 그는 간파했다. 그는 옷소매 속에 숨긴 단검을 떠올리며, 지체되는 시간만큼 죽음의 문턱이 가까워지고 있음을 무인의 직감으로 확신했다.

　문신들이 명분의 완결성을 따지는 사이 권력은 이미 포위망을 좁히고 있었다. 내부 밀고로 거사는 시작되기도 전에 역모라는 단죄를 받게 되었다. 승기가 넘어갔음을 그는 이미 알고 있었다. 그 예감은 곧 대량의 체포와 국문으로 이어졌다.

달궈진 쇠꼬챙이를
비웃으며 항전하다

　의금부 국문은 진실을 묻는 자리가 아니라 판결을 매듭짓기 위한 기록을 모으는 절차였다. 세조가 직접 나타나 그를 추궁했으나 유응부는 세조를 임금이 아닌 "나으리"라 불렀다. 호칭의 거부는 국문장의 질서를 무너뜨리는 정면 도전이었다. 분노한 세조는 뜨겁게 달군 쇠꼬챙이로 유응부의 넓적다리를 관통하게 했다.

살 타는 냄새가 진동했으나 유응부는 "불이 식었으니 다시 달구어 오라"며 고통의 형벌을 조롱했다. 무인의 육체는 자아를 보존하는 최후의 성벽이었다. 유응부는 자신의 살점을 내어주는 대신 입을 열지 않았다.

세조는 그의 입을 열기 위해 그의 어린 아들들까지 국문장으로 끌어들였다. 하지만 유응부는 눈물 한 방울 흘리지 않고 호통쳤다. "사내자식이 죽는 것은 정해진 이치니 아비의 기개를 닮으라." 감정에 휘둘려 거사의 기밀을 실토하는 것이야말로 무인으로서 가장 치욕스러운 패배라고 그는 생각했다.

국문장의 기록은 유응부의 이름 옆에 끝내 빈칸을 남겼다. 그 빈칸이 권력의 실패를 증명하는 가장 선명한 증거였다. 그가 버텨낸 것은 단순히 고통이 아니었다. 세조가 원한 것은 진술이었고, 그 진술은 거사에 가담한 이들의 이름을 하나씩 꿰어 권력의 정당성을 완성하는 재료였다. 그가 입을 열지 않았기에, 권력의 기록은 미완성으로 남았다. 그는 자신의 살점을 대가로 동료들의 이름을 지켜냈다.

권력은 그를 죽일 수는 있었으나 그의 진술을 얻어내는 데는 실패했다. 유응부가 비명 대신 침묵을 선택한 것은 무인이 육체로 수행한 최후의 방어전이었다.

거열의 형틀 위에서 보여준
인간의 존엄

형장은 하루아침에 만들어지지 않는다. 전날부터 길목이 통제되고 사람들의 통행이 정리된다. 사지를 수레에 매달아 찢는 형벌인 거열(車裂)은 잔혹함을 넘어 권력의 위엄을 시각적으로 선포하는 공포의 장치였다.

거열은 조선에서 가장 무거운 형벌이었다. 단순히 목숨을 끊는 것으로는 부족할 때, 국가가 선택하는 극형이었다. 신체를 훼손함으로써 죽음 이후에도 그 존재를 지워버리겠다는 선언이었다. 조선의 예법에서 신체는 부모

로부터 받은 것으로 함부로 훼손해서는 안 된다는 관념이 깊이 뿌리내리고 있었다. 거열은 바로 그 관념을 정면으로 짓밟는 형벌이었다. 세조는 유응부의 육신을 네 조각으로 나눔으로써, 그가 평생 지켜온 무인의 기개까지 함께 지우려 했다.

유응부는 형장으로 끌려갈 때 동료 문신들을 돌아보며 "인간의 도리를 다했으니 이제 편히 가자"고 말하며 오히려 그들을 위로했다고 전해진다. 수레 위에 몸이 묶인 채로도 유응부의 기개가 꺾이지 않자, 집행관들조차 그의 압도적인 풍모에 눌려 손을 떨었다. 그는 형 집행 직전까지 눈을 감지 않고 세상을 응시했다.

형이 집행된 후 그의 머리는 광화문 앞 저잣거리에 효수되었다. 권력은 공포를 전파하려 했으나, 백성들은 가난한 장수의 평소 평판을 기억하며 소리 없이 눈물을 흘렸다. "저토록 큰 어른이 어찌 저리 가시는가"라는 탄식은 권력이 기대했던 비난 대신 조선의 밑바닥에 신의의 씨앗을 뿌렸다.

연못이 된 집터 위로
무인의 기개가 흐르다

처형 이후 유응부의 집은 완전히 헐렸고, 그 자리는 파내어져 연못이 되었다. 이를 파가저택(破家潴宅)이라 하는데, 집을 헐고 연못을 만드는 것은 단순한 재산 몰수가 아니었다. 조선에서 이 형벌은 그 땅에 깃든 사람의 흔적을 지우고 기운까지 끊어버리겠다는 저주에 가까운 행정적 말살이었다. 유응부라는 이름이 다시는 그 땅에 뿌리내리지 못하도록, 권력은 흙까지 파내어 물을 채웠다.

세조는 그의 이름을 완전히 지우려 했으나, 국문장에서 그가 남긴 말은 후대 선비들의 붓을 통해 다시 살아났다. 공식 기록은 그를 역적으로 적었으나, "다시 달구어 오라"는 한마디는 어떤 문장보다 뜨겁게 역사에 남았다. 그는 사육신 중 유일한 무관으로서, 말의 성벽 뒤에 숨지 않고 몸을 다 바쳐 신의를 지켜낸 인물이었다.

시간이 흘러 집터에 만들어진 연못은 다시 메워졌고,

현재 서울 종로구 화동 언덕에는 유응부의 집터임을 알리는 표지석이 외로이 자리를 지키고 있다. 그의 고향인 경기도 포천에는 충목단(忠穆壇)이 세워져 장군의 기개를 기린다.

사육신 중 유일한 무관으로서 그의 이름은 노량진 사육신 역사공원 내 사당인 의절사(義節祠)에 다른 문신들과 어깨를 나란히 하며 모셔져 있다. 칼을 잡았던 그의 절개가 붓을 잡았던 이들의 의리와 다르지 않았음을 역사가 증명한 것이다. 정조 시대에 이르러서는 잊혔던 그의 후손들을 찾아 관직을 내리고 국가 차원의 제사를 지내게 했다.

유응부가 끝내 지켜내고자 했던 것은 단종이라는 개인을 넘어, 무인이 목숨을 걸고 수호해야 할 정당한 도리였다. 연못이 메워지고 이름이 복권되는 데 걸린 시간은 240여 년이었다.

성삼문(成三問)

- 1418년: 홍주(현 홍성) 출생
- 집현전 학사로, 세종의 총애를 받으며 훈민정음 창제에 참여
- 1455년: 세조가 즉위하자, 예방승지로서 국새를 전달하며 크게 통곡함
- 1456년 6월: 단종 복위 거사 실패로 체포.
- 1456년 6월: 거열형으로 사형. 부친 성승과 아들들까지 일가족 멸문

7장

성삼문

인두가 살을 지져도
문장은
흔들리지 않다

세종이 성삼문을
가장 총애했던 이유

성삼문은 탄생 당시 하늘에서 세 번 묻는 소리가 들렸다고 해서 삼문(三問)이라 이름 붙여졌다는 설화가 전한다. 이 설화의 진위보다 중요한 것은 그가 평생 소리를 다루는 사람이었다는 사실이다.

홍성의 무관 가문에서 태어났으나 그가 택한 길은 칼이 아닌 문장이었다. 부친 성승은 아들이 붓을 잡는 것을 탐

탁지 않게 여겼으나, 성삼문은 병법을 문장의 구조로 풀어 이해할 만큼 무인의 기운을 문장 안에 녹여낼 줄 알았다. 아버지의 칼과 아들의 붓은 같은 방향을 향하고 있었다.

집현전 학사로서 그가 수행한 음운 연구는 지식의 유희가 아니었다. 백성이 내뱉는 소리를 글자로 바로잡으려는 분투였다. 세종이 훈민정음을 구상할 때 성삼문은 요동을 무려 열세 번이나 오가며 명나라 학자 황찬에게서 소리의 뿌리를 캐냈다. 하루에 수천 번 같은 발음을 반복하며 낯선 소리를 조선의 것으로 옮겨냈다.

그에게 학문은 세상을 정교하게 발음하는 법을 익히는 과정이었다. 요동의 먼지 속에서 단련된 것은 소리의 기술만이 아니었다. 옳다고 믿는 것을 향해 열세 번을 오가는 집요함, 그것이 성삼문이라는 사람의 본질이었다. 그는 한번 옳다고 판단한 것은 끝까지 밀어붙였고, 한번 그르다고 판단한 것은 어떤 압력 앞에서도 결코 받아들이지 않았다.

세종은 훈민정음이 완성되어 가던 시기, 성삼문을 가장

자주 곁에 두었다. 새벽까지 이어지는 어전 회의에서 세종이 소리의 원리를 설명할 때, 그 말을 가장 빠르게 알아듣고 가장 정확하게 받아 적은 사람이 성삼문이었다.

세종은 그를 단순한 학사로 보지 않았다. 자신이 구상한 말의 질서를 함께 완성해가는 동반자로 여겼다. 성삼문 역시 그것을 알았다. 훈민정음은 임금의 명령으로 완성된 것이 아니라, 두 사람이 같은 방향을 바라보며 함께 쌓아올린 것이었다. 그 신뢰가 세종의 마지막 부탁을 단순한 명령이 아닌 평생의 약속으로 받아들이게 했다.

어린 임금을
진심으로 보필하다

세종은 자신의 생이 얼마 남지 않았음을 직감했을 때, 집현전 학사들을 침전으로 불러들였다. 그때 세종은 이개에게는 법도를 부탁했고, 박팽년에게는 기록을 당부했다. 그리고 성삼문에게는 어린 세손(단종)을 가리키며 말했다. "나의 이 가냘픈 혈육을 부디 잊지 말라." 군주의 명령이 아니라 간절한 부탁이었다.

성삼문은 그날 밤 대궐 마당을 걸어 나오며 한 가지를 확인했다. 세종이 자신에게 맡긴 것이 무엇인지를. 학사로서의 직분도, 집현전의 임무도 아니었다. 궁궐 안에 홀로 남겨질 어린 세손이었다.

그는 단종이 왕위에 오른 뒤에도 세종의 '부탁'을 늘 중심에 두었다. 성삼문은 단종의 경연에서 누구보다 목소리를 높여 어린 왕의 정당성을 옹호했다. 한번은 어린 단종이 큰 대신들 사이에서 주눅 들어 있을 때, 성삼문은 임금의 뒤에서 낮은 목소리로 속삭였다. "전하, 전하의 등 뒤에는 돌아가신 대왕마마와 제가 서 있습니다. 고개를 드십시오."

그는 단종이 『서경』을 읽다 막히는 지점을 정확히 짚어 주며 왕의 언어가 신료들의 논리를 압도할 수 있도록 가르쳤다. 단종이 피로를 느끼며 책상에 엎드릴 때면 자신의 겉옷을 벗어 임금의 어깨를 덮어주었다.

단종이 세조의 압박에 못 이겨 국새(國璽)를 넘겨주던 날, 성삼문은 국새를 끌어안고 대성통곡했다. 지켜내지 못한 세종과의 약속 앞에서 그가 할 수 있는 것은 그것뿐이었다.

무너진 법도를
문장의 칼날로 바로잡다

성삼문은 수양대군의 왕위 찬탈 이후 자신의 서재를 '무명(無名)'이라 불렀다. 주군이 이름을 잃었는데 신하가 이름을 갖는 것이 무슨 의미가 있겠느냐는 침묵의 항의였다.

그는 매일 아침 단종이 갇힌 수강궁을 향해 절을 올리며 '보이지 않는 문안'을 이어갔다. 그에게 단종은 노산군이 아니라, 여전히 유일한 조선의 군주였다.

복위 거사가 논의될 때, 성삼문은 명분론의 선봉에서 동료들을 결속시켰다. 그는 자신이 다듬었던 예법의 구절들을 세조를 심판하는 올가미로 벼렸고, 거사 이후 발표할 교서를 직접 써내려갔다. "오늘이 아니면 세종 대왕을 뵐 면목이 없다"는 그의 문장은 학사들의 피를 끓게 했다.

그러나 거사 당일에 운검(雲劍, 연회나 행사에서 임금 곁에 서는 호위 무관) 배치가 금지되면서 계획은 입구에서부터 어긋났다. 유응부는 "기미(機微)를 놓치면 안 된다"며 즉시 칼을 뽑자고 주장했으나, 성삼문은 단종의 안위를 우려해 "훗날을 기약하자"며 그를 만류했다. 유학자의 신중함이 무인의 직관을 가로막은 순간, 거사의 숨통은 끊어졌다. 훗날 감옥에서 성삼문은 유응부의 원망을 들으며 자신의 주저함을 뼈저리게 자책했다.

포졸들이 들이닥쳤을 때, 성삼문은 평소처럼 의관을 정제하고 마루에 앉아 있었다. "기록이 우리를 기억할 것이다. 남은 것은 몸으로 그 기록을 증명하는 일뿐이다." 그는 가족들이 보는 앞에서 이렇게 말하며 담담히 포박당했다. 성삼문의 문장은 이제 종이 위가 아니라, 국문장의 달궈진 쇠붙이 위에서 자신의 절개를 증명해야 하는 마지막 시험대에 올랐다.

왕위 찬탈의 불법성을
소리 높여 고발하다

의금부 국문장에서 세조는 성삼문을 직접 심문하며 그의 재능을 회유하려 했다. "네가 나를 도와 이 나라의 기틀을 다시 잡는다면, 지난 일은 묻지 않겠다."

세조의 회유에 성삼문은 비웃음으로 답했다. "내가 너를 상전으로 모신 적이 없는데, 어찌 네가 나를 용서한다 하느냐." 그는 국문장에서 세조의 질문 하나하나를 논리적으로 해체하며, 그 자리를 권력의 불의를 심판하는 장으로 만들었다.

그는 국문장에서 세조를 임금이라 부르지 않고 "나으리" 혹은 "수양"이라 불렀다. 이는 단순한 반항이나 결기가 아니라, 세조의 통치 체제 자체를 근본적으로 부정하는 행위였다.

분노한 세조가 뜨거운 인두로 그의 살을 지지게 했다. 국문장에서 살타는 냄새가 진동했지만, 성삼문은 비명을 지르는 대신 세조의 이름을 연호하며 그 불법성을 소리 높여 고발했다. 그는 자신의 살점이 타들어가는 고통을 통해, 세조가 저지른 명분의 훼손을 역설적으로 증명해 보였다. "내 비명소리가 바로 너의 죄악을 증명하는 소리다! 이 인두가 뜨겁다 한들, 네가 저지른 찬탈의 죄보다 뜨겁겠느냐!" 그의 포효는 국문장의 질서를 무너뜨렸다. 고문관들이 그의 다리를 으깨고 팔을 꺾었으나, 성삼문의 입은 멈추지 않았다.

세조는 그의 육신을 파괴할 수는 있었으나, 그의 입에서 나오는 '진실의 문장'을 막을 수는 없었다. 성삼문은 고통 속에서도 세조의 눈을 빤히 응시하며, 누가 진정한 역적인지를 묻는 질문을 던졌다. 그 질문 앞에서 세조는 왕이 아니라 죄인이었다.

세조가 그가 관료로서 받은 녹봉인 쌀을 거론하며 비난하자, 성삼문은 당당하게 맞섰다. "내 집에 가서 기록을 확인하라. 네가 나에게 준 것은 단 한 톨도 먹지 않고 따로 쌓아두었다."

세조가 바로 사람을 보내 확인해보니, 성삼문의 집 창고에는 세조 즉위 이후 받은 쌀가마니가 고스란히 남겨져 있었다. 그는 세조의 쌀로 몸을 채우지 않았기에, 세조의 법으로 자신의 영혼을 심판할 수 없음을 선언했다.

역사의 빈칸을 채우는
가장 선명한 의리의 실체

사형장으로 향하는 수레 위에서 성삼문은 나지막이 시를 읊었다. 후대에 〈절명시〉로 알려진 이 시는 죽음의 공포를 넘어선 무심(無心)의 경지를 보여준다.

"둥둥 북소리는 사람 목숨 재촉하는데 / 머리 돌려 보니 지는 해는 서산으로 기우는구나 / 황천길에는 주막 하나 없다는데 / 오늘 밤은 뉘 집에서 잠을 잘꼬."

이 시는 화려한 수사 대신 길 떠나는 나그네의 문답처럼 담백하다. '황천에는 주막이 없다'는 역설적인 표현 속에는, 죽음조차 자신이 가야 할 당연한 여정으로 받아들이는 선비의 기개가 서려 있다. 그는 북소리의 박자를 시의 운율로 삼았고, 기우는 해를 보며 이 세상에서의 소임이 다했음을 확인했다.

망나니의 칼날 앞에서도 성삼문은 흐트러지지 않았다. 그는 죽음으로써 세종과의 약속을 완결했고, 단종의 신하로서 생애를 마감했다.

세조는 성삼문의 삼족을 멸하며 그의 혈통과 흔적을 지상에서 지워버리려 했다. 부친 성승과 동생들, 어린 아들들까지 형장의 이슬로 사라지는 참혹한 보복이 뒤따랐다. 그러나 권력이 지울 수 없는 것이 있었다. 국문장에서 내지른 그의 포효와, 형장으로 향하며 남긴 〈절명시〉의 울림이다.

세조의 사관(史官)들이 그를 '역적'으로 박제하려 애쓸수록, 그의 목소리는 역사의 빈칸을 채우는 가장 선명한 의리의 실체로 살아남았다. 멸문의 폐허 위에서 성삼문의 이름은 영월의 강물처럼 깊고 끊이지 않게 흐르기 시작했다.

박팽년(朴彭年)

- 1417년: 대전에서 출생
- 집현전 학사
- 1455년: 충청도 관찰사로 재직하며 세조에게 올리는
  장계에서 '신(臣)' 자를 변형해 사용
- 1456년: 단종 복위 모의 탄로로 하옥
- 1456년 6월: 국문 중 옥사. 이후 시신이 거열형에 처해짐
- 1456년: 대를 이을 아들들이 모두 처형됨(손자 박비만 생존)

8장

박팽년

글자 하나로
부당한 권력과
맞서 싸우다

나랏일의 중심에서
문장의 법도를 세우다

집현전의 직무는 단순히 유려한 글을 짓는 것이 아니었다. 그것은 국가가 사용할 공적 언어를 확정하고, 천년의 기록으로 남을 문장의 법도를 세우는 엄중한 길이었다. 그는 왕이 묻고 학사가 답을 올리는 그 찰나의 문답 속에서도, 그 글이 훗날 역사의 기록으로 남았을 때 어떤 무게를 갖게 될지까지 미리 헤아리던 이였다.

그는 서재에만 머물며 관념을 논하는 선비가 아니라, 팔도를 다스리는 관리로서 백성의 고혈인 곡식 한 홉의 오차도 허용하지 않았던 엄정한 이였다. "글자가 틀리면 세상의 이치가 어긋나고, 숫자가 틀리면 백성의 삶이 무너진다"는 것이 그의 확고한 지론이었다.

세종과 문종을 거치며 박팽년이 다듬은 문장들은 성균관의 가르침부터 나라의 조세 기준에 이르기까지 조선이라는 국가의 거대한 설계도가 되었다. 그는 "문장이 곧 나라의 정직함"이라고 믿었으며, 그 신념은 훗날 권력이 문장을 왜곡하려 할 때 자신의 목숨을 걸고 맞서는 유일한 무기가 되었다.

박팽년에게 글쓰기란 단순한 기술이 아니라 수양의 연장이었다. 그는 이른 새벽 가장 먼저 깨어나 벼루를 갈며 그날 써내려갈 문장의 무게를 가늠하곤 했다. 문장의 결을 다듬을 때 그는 화려한 수사보다 명확한 의미 전달에 집중했다. "꾸밈이 많은 글은 진실을 가린다"는 그의 평소 지론처럼, 그의 문장은 단정하면서도 단단했다.

박팽년의 이러한 기질이 가장 선명하게 드러난 것은 『오례의(伍禮儀)』 편찬 작업에서였다. 국가의 모든 의례를 문장으로 규정하는 방대한 작업이었다. 박팽년은 단어 하나를 고르는 데 며칠을 고민했다. 예법의 문구가 달라지면 시행 방식이 달라지고, 시행 방식이 달라지면 백성이 치르는 의례의 무게가 달라지기 때문이었다. 그에게 문장은 추상이 아니라 행정이었고, 행정은 곧 사람의 삶이었다.

그는 또한 집현전의 장서를 정리하면서 역대 왕조의 흥망이 기록의 정직함과 얼마나 긴밀하게 연결되어 있는지를 체감했다. 권력은 문장을 통해 자신을 정당화하고, 역사는 그 문장의 진위를 통해 권력을 심판한다. 그는 자신이 쓴 문장 하나하나가 훗날 역사의 법정에서 증거로 읽힐 것임을 너무나도 잘 알고 있었다. 그 앎이 그로 하여금 붓을 들 때마다 두려움과 경건함을 동시에 느끼게 했다.

어린 임금의 이름을
직접 지워야 했던 고통

박팽년에게 단종은 지켜야 할 명분이기 이전에, 가장 가까운 거리에서 직접 가르치고 살핀 제자였다. 세종이 아꼈던 손자가 문장을 익히고 성군의 자질을 차곡차곡 갖춰가는 과정을 기록했던 이가 바로 그였다.

어린 단종은 박팽년의 단정한 문장을 유독 아껴, 경연이 끝날 때면 직접 차를 달여 그의 잔을 채워주기도 했다. 임금과 신하이기 전에 스승과 제자로 맺어진 그 인연은 박팽년이 학자로서 누릴 수 있는 가장 큰 보람이었다.

그러나 왕위 찬탈의 광풍이 몰아친 후 박팽년이 마주해야 했던 현실은, 자신이 아끼던 제자의 이름을 궁궐의 공식 문서에서 스스로 지워나가는 과정이었다. '주상'에서 '상왕'으로, 다시 '노산군'으로 내려앉는 그 잔인한 직함의 추락을 자신의 손으로 직접 적어야 했다.

세조의 교서를 다듬는 일은 매 순간 자신이 쌓아온 문

장의 기강을 스스로 무너뜨리는 일이었다. 그는 텅 빈 종이 위에 주군의 이름을 적을 때마다 붓을 멈추고 먼 하늘을 보곤 했다.

궁궐의 회랑을 걸을 때마다 그는 과거 단종과 나누었던 문답들을 떠올렸다. 어린 임금이 던졌던 순수한 질문들과 그에 대해 자신이 정성을 다해 올렸던 답들이 이제는 돌아올 수 없는 시간이 되었다. 겉으로 드러난 문서에서는 임금의 지위가 계속 낮아지고 있었지만, 박팽년의 내면에서는 그에 대한 충의가 더욱 단단해지고 있었다.

찬탈의 흔적을 덧칠하는
비겁한 문장들

계유정난 이후 집현전 학사들의 소임은 사실을 정직하게 기록하는 것이 아니라, 권력의 부당함을 교묘하게 설명하고 덧칠하는 문장을 만드는 일로 변질되었다. 피의 숙청을 국가를 위한 불가피한 결단으로 포장하는 문장이 필요했고, 그 정당성은 박팽년처럼 신망 높은 학사들의 붓끝에서 증명되어야 했다.

그의 부친 박중림은 "글자는 하늘의 눈이니, 네가 쓴 한 획이 훗날 너를 심판할 것"이라고 가르쳤다. 권력의 도구가 되어버린 붓을 들고 거짓을 써 내려가야 하는 일상은 그에게 수치였다. 그는 겉으로는 순응하는 척하면서도 내면으로는 세조를 심판할 문장을 조용히 벼려내고 있었다.

집현전에 매일같이 내려오는 세조의 전지(傳旨, 왕의 행정 명령서)들은 찬탈의 변명들로 가득했다. 박팽년은 그 거친 문장들을 다듬어 정갈하고 세련된 유교적 수사로 바꾸는 일을 맡았다. 부당한 권력이 정당성을 획득하기 위해 가장 먼저 하는 일이 언어의 오염이라는 사실을 그는 매일 체험했다.

이 시기 박팽년의 글들은 형식적으로는 완벽했으나 생기가 없었다. 찬탈자들은 그의 유려한 문장에 만족해

했지만, 그 문장들이 담고 있는 차가운 소외를 읽어내지
는 못했다.

그는 또한 동료 학사들의 변절을 지켜보았다. 어제까
지 함께 대의를 논하던 이들이 권력의 단맛에 취해 찬양
의 글을 쏟아낼 때, 그는 문장의 엄격함과 고결함이 무너
지는 현장을 목격했다. 그에게 글은 곧 사람의 인격이었
다. 권력 앞에서 글과 사람이 분리되는 광경은 그 무엇보
다 큰 경고였다.

녹봉인 쌀가마니를
창고에 차곡차곡 쌓아두다

부당한 권력에 대한 박팽년의 저항은 서늘하고 단단
했다. 세조 즉위 후 내려온 녹봉을 그는 거부하지 않고
수령했다. 그것이 나라의 행정 절차였기 때문이었다. 그
러나 그는 그 쌀을 단 한 톨도 입에 대지 않았다. 그는 세

조가 녹봉으로 준 곡식을 부정한 대가로 분류해 자신의 몸 안에 들이지 않기로 결심했다. 쌀가마니들은 창고 구석에 봉인된 채 쌓여갔고, 정작 그의 식탁 위에는 마른 소금과 물뿐이었다.

그는 굶주림을 통해 자신의 영혼이 세조의 통치 아래 있지 않음을 매일 증명해냈다. 과거 관찰사 시절 곡식 한 알의 오차도 용납하지 않았던 그의 결벽은, 이제 찬탈자의 녹봉을 거부하는 행위로 이어져 지조를 지탱하는 힘이 되었다. 쌀가마니가 높이 쌓일수록 그의 충심은 선명해졌고, 그는 그 허기 속에서 비로소 단종의 신하로 살아 있음을 절감했다.

이 고독한 저항은 박팽년이 가진 극단적인 결기를 보여준다. 그는 자신의 육체가 부정한 권력의 산물로 연명하는 것을 용납할 수 없었다. 굶주림으로 몸은 수척해졌으나, 그의 눈빛은 오히려 예전보다 더 날카롭게 빛나기 시작했다. 창고의 쌀가마니들은 그에게 일종의 기록장과 같았다. 쌓인 쌀가마니의 숫자는 그가 세조를 거부한 시간의 증거였다.

그는 쌀가마니들을 보며 자신이 여전히 타협하지 않았음을 확인했다. 남들이 보기에는 조정의 녹을 먹는 평범한 신료였으나, 그 창고의 문을 여는 순간만큼은 그는 세상에서 가장 독립적인 영혼이었다. 이러한 생활은 수개월 동안 지속되었다. 그는 극심한 공복 속에서도 흐트러짐 없이 정무를 보았고, 동료들이 야윈 모습에 걱정을 보냈으나 그는 미소로 답할 뿐이었다.

박팽년에게 있어 굶주림은 고통이 아니라 의식이었다. 부정한 쌀로 배를 채우느니 맑은 정신으로 죽는 것이 선비의 도리라는 그의 고집은, 훗날 국문장에서 보여줄 인내의 밑거름이 되었다. 그는 매일 아침 빈속으로 조정에 나가 세조의 명령을 수행했으나, 그의 충절은 창고에 가득 쌓인 쌀가마니처럼 누구도 훼손할 수 없는 무게로 남았다.

정교한 설계로
거사의 기틀을 잡다

1456년(세조 2년) 단종 복위 계획이 구체화되었을 때, 박팽년은 그 거대한 구조를 설계하는 중심에 있었다. 그는 명단에 이름을 올리는 것에 그치지 않고, 누가 어느 자리에 서야 할지, 어떤 절차를 틈으로 삼아야 할지를 치밀하게 계산했다. 그는 평소 자신이 다듬던 법전의 문구처럼 거사의 각 단계가 오차 없이 맞물려 돌아가기를 원했다. 화려한 명분보다 확실한 실행을 믿었던 그는, 칼을 쥔 유응부 같은 무인을 거사의 핵심으로 끌어들였다.

그는 거사가 단순히 세조 한 명을 제거하는 복수가 아니라, 뒤틀린 조선의 질서를 제자리로 돌려놓는 거대한 교정 작업이라 믿었다. 따라서 그는 아주 작은 변수까지도 기록의 관점에서 검토했다. 운검의 배치부터 연회장의 동선까지, 그의 머릿속에서는 이미 수천 번의 거사가 문장처럼 읽히고 수정되었다.

그러나 명나라 사신을 맞이하는 연회에서 운검 배치가 세조의 의해 금지되면서, 그토록 정교했던 설계는 입구에서 꺾이고 말았다. 거사가 탄로 나고 의금부의 포졸들이 들이닥치기 직전, 박팽년의 집안은 이미 보이지 않는 작별을 마친 상태였다.

그는 체포되기 전 아내와 며느리에게 짧은 인사를 남겼다. 그는 자신이 선택한 기록의 대가가 멸문이라는 사실을, 이미 오래전부터 알고 있었다. 그는 사적인 감상을 덧붙여 작별을 어지럽히는 대신, 남겨진 이들에게 닥칠 가혹한 운명을 담담히 수용하며 의관을 정제했다.

포졸들이 대문을 부수고 들어왔을 때, 박팽년은 이미 마음의 정리를 마친 채 마루에 앉아 있었다. 흐트러진 구석이라고는 전혀 찾아볼 수 없는 그의 모습은, 잡혀가는 죄인이 아니라 자신의 마지막 소임을 다한 관원의 그것이었다.

국문장의 매질에도
글자 하나를 굽히지 않다

세조는 직접 박팽년을 국문장에 불러 추국했다. 세조는 그가 올린 장계들을 내밀며 물었다. "너는 내게 장계를 올릴 때마다 스스로를 신(臣)이라 칭하지 않았느냐?" 피투성이가 된 박팽년은 가쁜 숨을 몰아쉬며 대답했다. "내가 보낸 장계들을 다시 하나하나 확인해보시오."

세조가 명해 그가 관찰사 시절 보낸 문서들을 낱낱이 검토하자, 경악스러운 사실이 드러났다. 모든 장계에 적힌 '신(臣)' 자는 윗부분의 가로획이 미세하게 떨어져 있었다. 그것은 신하라는 뜻의 '신'이 아니라, 크다는 뜻의 '거(臣)' 자였다. 그는 단 한 번도 세조를 자신의 임금으로 인정한 적이 없었음을, 그 미세한 글자 한 획의 차이로 증명해낸 것이다.

세조는 이 사실을 확인하고 충격에 빠졌다. 자신이 완벽하게 장악했다고 믿었던 행정 구조 안에서, 박팽년은 글자 한 획으로 거대한 균열을 내고 있었던 것이다.

박팽년은 국문장에서 세조를 "나으리"라 부르며 임금으로 대접하지 않았다. 육체는 갈기갈기 찢겼으나 학자로서의 영혼은 그 어느 때보다 높이 솟아올랐다.

멸문지화 속에서 여종의 희생으로 목숨을 건진 둘째 아들 박한주의 유복자, 그가 바로 종의 자식이라는 뜻의 박비(朴婢)로 불리며 대를 이은 박팽년의 손자다. 박비는 훗날 성종 시대에 이르러 박순(朴珣)이라는 이름을 되찾고 할아버지 박팽년의 제사를 다시 이어갔다. 권력이 지우려 했던 글자는 세월을 견뎌 역사의 정면에 우뚝 섰으며, 그가 끝내 굽히지 않았던 한 획은 조선 선비의 자존심을 상징하는 기록이 되었다.

이개(李塏)

- 1417년: 이색의 증손으로 출생
- 집현전 학사
- 1456년: 성삼문·박팽년 등과 복위 거사 주도
- 1456년 6월: 체포 후 혹독한 고문에도 끝내 자백하지 않음
- 1456년 6월: 거열형으로 사형
- 1456년: 집안의 남성 직계가 모두 처형되어 가문 절멸

9장

이개

찬양의 시 대신
벼루에
물 한 방울만 담다

참찬관의 책상,
마침표를 찍는 자리

국왕의 말이 초안으로 내려오고, 그 초안이 공문서의
격식을 갖추기 위해 마지막으로 머무는 곳이 참찬관의
책상이다. 이개의 자리는 그 책상 앞이었다.

그는 고려 말의 대유학자 목은 이색의 증손으로 태어
나, 집안 대대로 내려오는 엄격한 문풍(文風) 속에서 자랐
다. 그에게 문장이란 개인의 재주를 뽐내는 수단이 아니

라, 국가의 기강을 지탱하는 기둥이었다.

그는 매일 아침 초안을 받아들고 예법과 전례에 비추어 단어들을 검수했다. 단어 하나가 어긋나면 행정의 위계가 흔들렸고, 조사 하나가 잘못 붙으면 지방 관청의 집행이 어긋났다.

이개는 붓을 들기 전 항상 벼루의 상태를 확인했다. 먹이 너무 묽으면 글자가 번져 행정의 엄밀함을 해쳤고, 너무 진하면 붓 끝이 뻑뻑해져 문장의 흐름을 방해했다. 그는 매일 일정한 농도로 먹을 갈았고, 그 농도가 확보되었을 때 비로소 첫 획을 그었다.

참찬관으로서 그의 일상은 종이의 결을 살피고, 여분의 먹물을 덜어내는 반복적인 동작의 연속이었다. 그는 붓을 쥐는 법부터 글자를 맺는 법까지 행정가의 결벽을 혈통적으로 물려받았다.

임금이 특정 구절의 기록을 명하면, 이개는 그 명령의 핵심을 추출해 가장 건조한 행정 언어로 치환했다. 그러나 문종 승하 후 이개의 책상에 올라오는 서류들의 용어가 바뀌기 시작했다. 그는 상소문에 적힌 단어들이 미묘하게 뒤틀리는 것을 목격했다. 명분보다 힘을 앞세운 표현들이 초안에 등장했고, 예법에 어긋나는 수사들이 공문서의 형식을 빌려 침투했다. 이개는 그때마다 붉은 붓을 들어 그 단어들을 그어버렸다.

이개가 지켜온 기록의 질서를
파괴한 수양대군

세종의 말년, 이개는 임금의 병석 곁에서 구두 명령을 받아 적는 역할을 수행했다. 임금은 가쁜 숨을 몰아쉬며 어린 세손의 앞날에 관한 세밀한 행정적 지시들을 내렸다. 누가 세손의 경연을 맡을지, 어떤 예법으로 즉위를 준비할지, 왕실의 재정은 어떻게 관리할지. 이개는 그 비정하고도 정교한 지시들을 단 한 글자의 누락 없이 기록으로 옮겼다.

임금은 이개의 손을 잡고 "기록은 사람을 살리는 칼이어야 한다"고 속삭였다. 그것은 단순한 조언이 아니라, 마지막 지시였다. 이개는 그 지시를 인명(人名)과 항목으로 쪼개어 기록의 줄기마다 새겨 넣었다. 세종은 특히 이개의 정직한 필치를 신뢰해, 어린 세손을 가리키며 "훗날 저 아이의 문장이 흔들릴 때 그대가 마침표를 찍어달라"고 당부했다. 세종의 이 당부는 이개가 평생 지켜야 할 유일한 지침이 되었다.

이개는 세종이 남긴 마지막 기록을 정리하며, 그 문장들이 조선의 공문을 지탱하는 주춧돌이 되어야 한다고 믿었다. 그는 세종이 내뱉은 단어 하나하나를 전례서와 대조하며 확정했다.

그러나 수양대군의 발호는 이개가 지켜온 기록의 질서를 파괴했다. 그가 적어 내려간 세종의 유훈들은 권력의 이동에 따라 하나씩 폐기되거나 왜곡되었다. 이개는 서고에 보관된 지난날의 기록들이 권력의 손길에 의해 함부로 헤쳐지는 것을 보아야 했다.

찬양하는 시를 거부하고
물 한 방울만 떨어뜨리다

계유정난 이후 이개의 책상에는 정당성을 조작하려는 서류들이 쌓이기 시작했다. 세조의 측근들은 '찬탈'을 '순리'로, '숙청'을 '결단'으로 고쳐 쓰라 명령했다. 이개는 이런 지시서들을 앞에 두고 오랫동안 붓을 들지 않았다. 그는 붓을 잡는 대신, 아무것도 담기지 않은 빈 벼루를 갈며 시간을 보냈다.

즉위 교서 초안을 검수해달라는 요청을 받았을 때, 그는 붉은 붓으로 단어들의 성격을 난도질했다. '양위(讓位)'라는 단어 위에 가차 없이 가로줄을 긋고, 그 옆에 '찬탈(簒奪)'을 적어 넣으려다 멈췄다. 그는 자신의 붓이 국가의 질서를 만드는 도구가 아니라, 권력의 소모품으로 전락했음을 직시했다.

세조가 직접 이개를 불러 찬양하는 시를 짓게 했을 때, 그는 종이 위에 물 한 방울만 떨어뜨렸다. "붓이 마르고 먹이 부족하여 적을 수 없습니다.” 이는 부정한 명령에 응답하지 않겠다는 선언이었다. 세조의 얼굴이 굳어지는 순간에도 이개는 자신의 붓을 정돈하는 동작에만 집중했다.

조정의 회의록을 작성할 때도 그는 같은 방식을 택했다. 권력자들이 쏟아내는 장황한 미사여구는 모두 생략하고, “아무개가 말함”, “아무개가 동조함” 같은 건조한 사실관계만 기록했다. 화려한 수사가 빠진 회의록은 권력의 민낯을 그대로 드러냈다. 그것은 세조에게 그 어떤 논리적인 비판보다 더 아픈 타격이었다.

공신 녹권 정비와
실무적 모멸감

이개는 세조 즉위 공신들의 명단을 정비하는 작업에 강제로 투입되었다. 그의 임무는 찬탈에 가담한 자들의 이름을 ‘정충출신(精忠出身, 충성을 다해 나라에 공을 세운 신하)’

이라는 명목하에 공식 명단에 등재하는 것이었다. 이개는 명단을 받아들고 이름의 순서를 배열하며, 어제까지 단종의 충복이었던 자들이 오늘은 세조의 공신으로 둔 갑하는 과정을 목격했다.

그는 명단을 작성하며 단 한 줄의 사적인 감상도 보태지 않았다. "누구에게 쌀 몇 가마를 하사함", "누구에게 노비 몇 구를 내림" 식으로만 기록했다. 행정은 이들의 변절을 공훈으로 기록하라 했으나, 이개는 그것을 오직 '재화의 이동'으로만 처리했던 것이다. 그는 공신들의 명예를 적는 대신 그들에게 지급될 물품의 수량만 건조하게 적어 넣었다.

어느 날 한 고위 관료가 찾아와 자신의 이름을 빛나게 수식해달라고 요청했다. 이개는 묵묵히 붓을 내려놓고 그를 응시했다. "이 기록에는 각자의 자리가 정해져 있고, 당신의 자리는 여기입니다." 그는 손가락으로 명단의 구석진 자리를 짚었다.

거사의 설계와
서재에서의 마지막 정돈

1456년 복위 계획이 구체화되자 이개는 거사의 명분을 문장으로 배열하는 역할을 맡았다. 박팽년이 사람을 배치했다면, 이개는 거사 당일 선포할 격문과 교서의 순서를 정했다.

그에게 거사는 정교한 시의 운율처럼 단 한 번의 어긋남 없이 흘러가야 하는 행정 절차였다. 그는 누가 어떤 깃발을 들고 어느 시점에 북을 울릴지를 시각 단위로 치밀하게 계산했다.

거사 전날 밤, 그는 홀로 시조 한 수를 지었다.

"까마귀 눈비 맞아 희는 듯 검노매라 / 야광명월이야 밤인들 어두우랴 / 임 향한 일편단심이야 변할 줄이 있으랴."

이 시조는 감상의 결과물이 아니라, 그가 세운 거사 계획의 요약본이었다. '희는 듯 검은' 자들은 변절자들을 가리키는 분류체계였고, '야광명월'은 그가 지키려는 단종이라는 중심점이었다. 그에게 있어 거사는 오역(誤譯)을 씻는 일이었다.

그는 유응부의 거친 손을 잡으며 말했다. "장군의 칼이 이 시대의 오역을 씻어낼 것입니다."

그는 거사 당일 사용할 격문을 품에 안고 뜬눈으로 밤을 지새웠다. 자신이 작성한 계획의 완결성을 마지막까지 치밀하게 검토했다. 거사의 명분은 충분했고, 절차는 치밀했다.

김질의 배신으로 거사가 탄로 났다는 소식이 전해졌을 때, 이개는 가장 먼저 자신의 서재로 향했다. 도망가거나 숨지 않았다. 대신 화로에 불을 지피고 평생 써온 자신의 유고들을 하나씩 정리하기 시작했다. 기록의 마침표를 찍는 자답게, 자신의 생애 역시 오역 없이 갈무리하려는 마지막 동작이었다.

국문의 침묵과
마지막 문장이 된 절명시

의금부 국문장에서 세조는 이개의 전향을 이끌어내기 위해 필사적으로 매달렸다. "네 재주를 이제 나를 위해 써라. 부귀를 보장하마."

세조의 제안은 달콤했으나 이개에게는 무의미한 소음일 뿐이었다. 이개는 인두가 살을 지지는 고통 속에서도 단호했다. "내 문장은 이미 한 분께 드렸으니, 네게 줄 것은 단 한 글자도 없다."

세조는 이개의 저항에 분개해 가혹한 고문을 명령했다. 육신이 부서지는 상황에서도 이개는 흐트러진 소리를 내지 않았으며, 자백을 요구하는 질문에 단 한 마디의 변명도 내놓지 않았다. 침묵은 그가 선택한 가장 강력한 논리적 항거였다.

형장으로 향하는 수레 위에서 이개는 마지막 문장인 〈절명시〉를 남겼다. 그것은 조선이라는 나라에 바치는 최후의 보고서이자, 생애를 요약한 완벽한 마침표였다.

"우공(禹貢)의 구주(九州) 천하 넓은 땅에 / 그 뉘가 임금의 신하 아니리오 / 우임금 걸음조차 위태로우니 / 고사리 캘 사람 그 누구인가."

그는 세조의 땅에서 나는 그 무엇도 먹지 않겠다는 의지를 천명했다. 형장에 모인 이들에게 이 시는 기록보다 무서운 기억이 되어 번져나갔다. 망나니가 칼을 들었을 때, 형장에는 오직 정적만이 흘렀다.

멸문마저도 이겨낸
불멸의 문장

이개가 처형된 뒤, 권력은 그의 존재를 지우기 위해 총력을 기울였다. 가문은 몰락했고, 그가 작성한 공문서들은 소각되거나 이름이 도려내졌다. 이개의 가족들 역시 비참한 최후를 맞거나 노비로 전락했다. 세조는 한 가문의 핏줄을 끊으면 그가 남긴 정신도 함께 휘발될 것이라 믿었다.

그러나 이개가 지킨 것은 핏줄보다 질긴 '문장의 절개' 였다. 후대의 사관들은 세조의 서슬 퍼런 감시 속에서도 이개의 절명시만큼은 차마 삭제하지 못했다. 그 문장이 가진 기개가 너무나 압도적이었기에 차마 훼손할 수 없 었던 것이다.

부당한 권력에 의한 기록의 말살은 오히려 역설적인 전승을 불러왔다. 관청의 장부에서 이름이 파내어질수 록, 그의 문장은 민초들의 입을 빌려 더 낮은 곳으로, 더 넓게 번져나갔다.

역사는 그를 반역자로 기록했으나, 기억은 그를 불멸 의 충신으로 복권했다. 그의 무덤은 오랫동안 방치되었 으나 사림이 정권을 잡은 뒤 그는 의리의 상징으로 부활 했다. 권력은 그의 공식 기록을 지웠지만, 그가 남긴 시 조와 절명시는 단 한 글자도 수정되지 않은 채 오늘날 우 리에게 도달했다.

이개의 마지막 관직은 참찬관이었다. 국왕의 말에 마침표를 찍는 자리였다. 그는 끝내 세조의 문장에는 마침표를 찍지 않았다. 대신 자신의 생애에 〈절명시〉라는 마침표를 스스로 찍었다. 그것이 참찬관 이개가 세상에 남긴 가장 완벽한 기록이었다.

하위지(河緯地)

- 1412년: 선산에서 출생
- 예조참판 역임
- 1455년: 세조 즉위 후 사직하고 낙향했으나 강제로 복직됨
- 1456년: 단종 복위 모의에 가담
- 1456년 6월: 체포 후 세조의 회유를 거절
- 1456년 6월: 거열형. 두 아들 하원·하강도 함께 처형

10장

하위지

녹봉으로 받은
쌀을 썩혀
신하이길 거부하다

집현전의 강직한 저울,
하위지의 자리

하위지는 영남 대구의 향리 가문 출신으로, 중앙의 화려한 문벌과는 거리가 멀었다. 오직 지독한 실무 능력과 예법에 대한 해박한 지식만으로 세종의 눈에 들어 발탁된 실력파 관료였다.

그는 문장이 화려한 사람이 아니었다. 대신 그는 국가의 정책이 전례에 부합하는지, 그 집행이 백성의 삶에 어떤 무게로 얹히는지를 정밀하게 측정하는 '저울'과 같은 행정가였다. 세종은 그런 하위지의 결벽에 가까운 강직함을 신뢰했다. 그가 올린 상소문은 수사학적 기교 대신, 오직 사실과 법리라는 뼈대만으로 이루어져 있었다. 하위지의 자리는 집현전 안에서도 가장 비판적인 시선이 머무는 곳이었다.

그의 책상은 언제나 단출했다. 꼭 필요한 기록과 전례서, 그리고 잘 닦인 벼루만이 놓여 있었다. 하위지에게 행정이란 불필요한 것을 걷어내고 본질만 남기는 작업이었다. 그는 회의에서 모두가 권력의 눈치를 보며 말을 아낄 때, 홀로 일어나 법전의 구절을 읊으며 정책의 오류를 지적했다.

하위지는 세종 대에 집현전 학사로 선발된 이후, 조선의 기틀을 다지는 수많은 법전 편찬과 의례 정비에 참여했다. 집현전에서 이개와 박팽년이 '문장의 정교함'을 다루었다면, 하위지는 그 문장이 실제로 집행되는 '절차의 정당성'을 감시했다. 그에게 국가란 정교하게 설계된 기

계였고, 행정가는 그 기계가 한 치의 오차 없이 돌아가게
하는 엄정한 관리자였다.

세손에게 법의 일관성을
단호하게 가르치다

세종은 생전에 하위지를 두고 "기개와 식견이 뛰어나
나를 보좌할 재목"이라고 여러 번 칭찬했다. 임금의 이
공인된 평가는 하위지에게 자부심인 동시에 무거운 짐
이었다. 세종은 하위지가 던지는 날카로운 질문들을 통
해 자신의 통치를 교정하려 했다. 하위지는 임금의 신뢰
에 보답하기 위해, 더욱 철저하게 행정적 원칙주의자로
거듭났다.

그는 어린 세손(단종)이 경연에 참석할 때, 임금의 곁에
서 세손이 배워야 할 행정의 엄밀함에 대해 가르쳤다. 한
번은 단종이 경전의 구절을 임의로 해석하려 하자, 하위

지는 단호하게 어린 왕의 손목을 잡고 붓을 멈추게 했다. "전하, 법도는 전하의 기분으로 바꾸는 것이 아니라 만년의 약속을 따르는 것입니다."

하위지는 문종이 승하하고 단종이 즉위하는 혼란 속에서도 자신의 자리를 지켰다. 그러나 수양대군이 김종서와 황보인을 주살하던 날, 그는 자신의 붓을 멈췄다. 사직을 수호해야 할 종친이 오히려 파괴하는 현장을 목격하며, 그는 자신이 평생 믿어온 행정의 정당성이 무너졌음을 직시했다.

하위지는 국법이 정한 승계의 절차가 무시되는 순간, 관료로서 올리는 모든 보고와 기록이 의미를 잃었다고 판단했다. 부정한 권력의 명령을 행정적으로 수행하는 행위 자체가 법도를 어지럽히는 조력임을 깨달은 것이다. 그는 더 이상 문서를 다듬거나 정사를 논하는 일에 관여하지 않기로 결심했다. 명령의 근거가 사라진 조정에서 그가 선택한 것은, 붓을 놓는 것이었다. 조용히 사직의 절차를 밟기 시작했다.

예조판서 임명장을 받기도 전에
제출한 사직서

세조가 정권을 장악한 뒤 가장 먼저 한 일은 집현전 학사들을 포섭하는 것이었다. 그들의 지식과 명분이 필요했기 때문이다. 세조는 하위지에게 예조참판의 직위를 내리며 회유하려 했다. 하지만 하위지는 이 인사를 수용하지 않았다. 그는 관직 임명장이 책상에 놓이기도 전에 사직서를 작성했다. "병이 깊어 직무를 수행할 수 없습니다"라는 건조한 문장은 세조의 통치 기반에 합류하지 않겠다는 단호한 거절이었다.

그는 경상도 선산으로 내려가 문을 걸어 잠갔다. 그것은 감정적인 도피가 아니라, 부정한 임금의 부름에 행정적으로 응답하지 않겠다는 결기였다. 그는 고향에서 밭을 일구며 조정에서 보내오는 각종 문서들을 봉투도 뜯지 않은 채 쌓아두었다. 그에게 사직은 단순한 물러남이 아니라, 권력과의 완전한 절교였다.

세조는 끊임없이 사람을 보내 하위지를 불러 올렸다. 하위지는 그때마다 자신의 건강 상태와 사직의 이유를 담은 문서를 제출했다. 그는 행정의 문법을 누구보다 잘 아는 사람이었기에, 권력이 자신을 강제로 끌어낼 수 없는 합법적인 퇴로를 치밀하게 설계했다.

세조는 그의 빈 자리를 볼 때마다 자신의 통치가 완성되지 않았음을 뼈저리게 느껴야 했다. 세조의 사신이 찾아올 때마다 하위지는 마당에 멍석을 깔고 앉아 사신이 가져온 교지를 바라보았다. 그는 교지를 펼치지 않았다. "눈이 어두워 글자를 읽을 수 없으니, 가져온 분이 다시 가져가시는 것이 예법에 맞습니다"라고 사신에게 말했다. 부정한 권력이 내미는 모든 문서적 접촉을 차단함으로써 자신의 단호한 의지를 보인 것이다.

하위지는 권력이 보낸 문서를 읽지 않음으로써, 그 명령의 효력이 자신에게 닿는 것을 원천적으로 차단했다. '읽히지 않은 명령은 존재하지 않는 법'이라는 논리로 그는 세조의 통치권 밖에서 스스로를 지켜냈다.

녹봉을 단 하나도
집안으로 들이지 않았다

세조의 압박이 거세지자 하위지는 결국 조정을 다시 찾았다. 하지만 그는 출근을 하되 일을 하지 않았고, 관직을 받되 권위를 행사하지 않았다.

가장 상징적인 저항은 그가 수령한 녹봉 처리 방식에서 드러났다. 그는 세조의 이름으로 내려온 녹봉을 단 한 톨도 집안으로 들이지 않았다.

그는 녹봉으로 받은 쌀과 포를 관청의 창고 한구석에 그대로 쌓아두었다. 장부상으로는 수령한 것으로 처리되었으나, 물리적으로는 단 한 치의 이동도 허락하지 않았다. 하위지는 창고지기에게 명했다. "이 곡식은 내 것이 아니니, 내가 죽거든 그대로 국가에 반납하라." 쌀가마니 위에는 먼지가 내려앉았고, 곡식은 서서히 썩어갔다.

녹봉 반납은 하위지의 일상에서 가장 중요한 행정적 의례였다. 가마니가 창고로 입고될 때마다 하위지는 입고 대장을 직접 확인하고, 그 위에 '미수용(未受容)'이라 적힌 작은 종이를 일일이 붙여두었다. 그의 밥상은 녹봉 대신 선산에서 가져온 거친 곡식들로 채워졌다. 그는 매일 아침 허기진 채 대궐에 들어갔고, 퇴근 후에는 고향에서 올라온 소박한 찬으로 끼니를 때웠다.

식구들은 처음엔 이 비정한 결정을 힘겨워했다. 고향에서 보낸 곡식은 늘 부족했고, 대궐에서 주는 최고급 쌀은 눈앞에서 썩어가고 있었다. 그러나 하위지는 단호했다. "부정한 쌀로 지은 밥은 몸을 살찌울지 모르나 정신을 흐리게 한다." 하위지의 집안은 그렇게 세조의 세상 속에서 홀로 고립된 '청렴한 섬'이 되어갔다.

그는 창고에 쌓인 쌀가마니를 볼 때마다 자신이 세조의 신하가 아니라 여전히 단종의 신하임을 재확인했다. 물리적으로는 궁궐 안에 있었으나, 그의 생명은 오직 자신이 인정한 주군의 법도 아래서만 연명되고 있었다.

거사 전야,
설계의 빈틈을 메우다

1456년(세조 2년) 복위 거사가 본격적으로 논의될 때, 하위지는 설계의 타당성을 검토하는 감찰관의 역할을 맡았다. 박팽년과 성삼문이 열정적으로 계획을 세울 때, 하위지는 그 계획이 가진 행정적 허점들을 찾아냈다.

그는 유응부 같은 무인들과 접촉하며 병력 이동의 동선을 점검했다. 하위지는 거사 당일 배치될 인원들의 명단을 수정하며, 각자가 맡은 위치가 전례에 비추어 어긋남이 없는지를 살폈다.

거사 전야, 하위지는 자신이 작성한 배치표를 마지막으로 검토했다. 그는 박팽년에게 속삭였다. "운검의 위치가 반 걸음만 틀어져도 모든 절차는 무너집니다." 그는 감정이 실리지 않은 목소리로 실패의 가능성까지 보고서에 담았다. 그에게 거사는 목숨을 건 도박이 아니라, 반드시 성공시켜야만 하는 최후의 과업이었다.

국문장에서 논리로
권력을 심판하다

거사가 탄로 나고 의금부에 끌려갔을 때, 하위지는 포졸들의 거친 손길 앞에서도 의연했다. 세조가 직접 나타나 하위지를 꾸짖었다. "네가 감히 나를 배반하고 이런 일을 꾸몄느냐."

하위지는 낮고 차분한 목소리로 답했다. "나는 배반한 적이 없다. 나는 오직 세종대왕께서 세우신 조선의 법도와 절차를 따랐을 뿐이다. 배반한 자는 정해진 승계의 순서를 파괴한 네가 아니냐."

그는 세조를 "너"라고 부르며 임금의 직위를 근본적으로 부정했다. 국문장은 하위지의 자백을 받는 곳이 아니라, 하위지가 세조의 불법성을 조목조목 지적하는 심판의 장으로 변했다.

세조는 격분해 가혹한 고문을 명령했다. 다리가 으스러지는 고통 속에서도 하위지는 비명을 지르지 않았다.

“이 고통은 네가 파괴한 국가 질서의 무게에 비하면 가벼운 것이다.”

그는 정신이 가물거리는 순간에도 세조가 던지는 질문의 논리적 모순을 지적했다. “네가 나를 역적이라 부른다면, 너는 스스로를 무엇이라 부를 것이냐. 절차를 무시한 역적의 임금이 역적을 심판하는 것이 과연 조선의 법도인가.” 세조는 하위지의 이 서늘한 논리 앞에 몇 번이고 말문을 잃었다.

국문이 막바지에 달했을 때, 세조는 하위지의 위선을 공격하려 했다. “네가 나를 임금으로 인정하지 않는다면서, 어찌 내 이름으로 주는 녹봉은 꼬박꼬박 받아 챙겼느냐.” 하위지는 피 묻은 입술로 미소 지었다. “내 창고를 확인해봐라. 네가 준 녹봉은 단 한 톨도 손대지 않고 그대로 쌓여 있다. 그것은 내가 너에게 반납할 준비를 마친 행정적 찌꺼기들일 뿐이다.”

세조가 급히 하위지의 집 창고를 조사하게 하니, 실제로 그동안 받은 모든 녹봉이 지급된 날짜별로 가지런히 쌓여 있었다. 하위지는 세조의 통치 아래서 숨을 쉬고 있었지만, 단 한 번도 세조의 백성이 된 적이 없었다.

세조가 끝내
소유하지 못한 신하

처형 당일, 하위지는 수레에 실려 형장으로 향했다. 그는 길가에 모인 백성들을 보지 않았다. 그의 시선은 묵묵히 하늘을 향해 있었다. 그는 자신이 죽음으로써 완성할 마지막 절차를 생각했다.

형장에 모인 사람들은 하위지의 그 정돈된 최후에 압도되었다. 부당한 권력은 그를 죽여서 기록에서 지웠다고 믿었지만, 백성들의 기억 속에서 하위지는 세조가 끝내 소유하지 못한 신하로 남았다.

하위지가 죽은 뒤 그의 가문은 처참하게 무너졌다. 아들들과 형제들은 모두 처형되었고, 여인들은 노비가 되었다. 국가의 행정은 하위지의 흔적을 지우기 위해 그의 집을 허물고 연못을 팠다. 그러나 사람들은 하위지가 지켰던 의리를 기억했다. 후대 사관들은 하위지의 사직서와 녹봉 반납의 기록을 발굴해냈고, 그 행간에 경외심을 채워 넣었다.

하위지의 서술은 사후에 완성되었다. 세조의 치세 내내 그의 이름은 반역의 수괴로 기록되었으나, 그가 남긴 '반납된 녹봉'과 '거절된 임명장'은 세월이 흐를수록 권력이 범접할 수 없는 유물이 되었다. 훗날 사림이 조정의 중심에 섰을 때, 그들은 하위지의 행정적 결벽을 군자가 지녀야 할 마땅한 법도로 추앙했다.

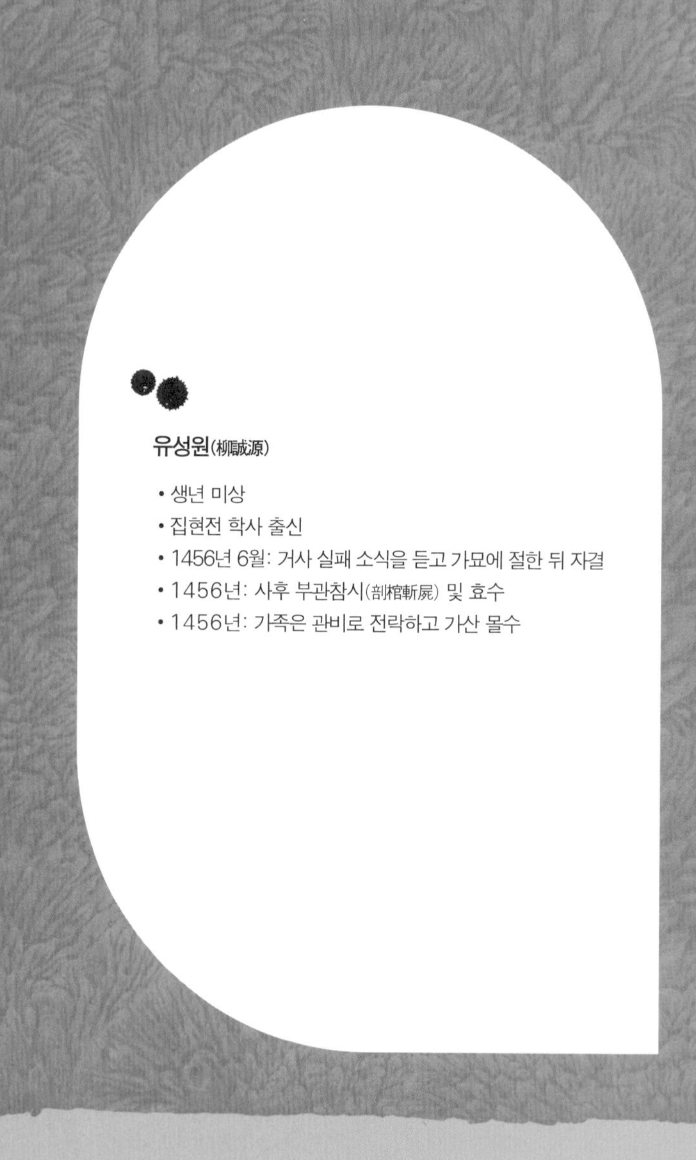

유성원(柳誠源)

- 생년 미상
- 집현전 학사 출신
- 1456년 6월: 거사 실패 소식을 듣고 가묘에 절한 뒤 자결
- 1456년: 사후 부관참시(剖棺斬屍) 및 효수
- 1456년: 가족은 관비로 전락하고 가산 몰수

11장

유성원

권력의 국문을 거부하고 자신을 삭제하다

영남의 인재,
집현전의 조용한 조율자가 되다

유성원은 사육신 중 유일하게 영남 출신으로, 중앙 권력의 핵심 가문이었던 성삼문이나 박팽년과는 그 뿌리부터 달랐다. 그의 가문은 대대로 지방의 행무를 담당하던 향리에 가까웠다. 부친 유사근은 중앙의 화려한 관직 대신, 법도에 밝고 강직한 성품으로 고을의 질서를 바로잡는 데 평생을 바친 인물이었다.

어린 유성원은 부친이 밤마다 장부를 대조하며 오차를 찾아내는 뒷모습을 보며 자랐다. 부친은 늘 "숫자가 틀리면 고을의 끼니가 틀려지고, 글자가 틀리면 사람의 목숨이 바뀐다"고 가르쳤다. 유성원은 화려한 배경 대신 오직 정교한 문장과 성실한 행정 능력으로 세종의 부름을 받았다.

그는 성삼문처럼 화려한 기개를 뽐내거나 박팽년처럼 실무의 중심에서 칼날을 세우지 않았다. 대신 문서를 정리하고 학사들 간의 이견을 조율하며, 국가의 의례가 소리 없이 집행되도록 뒤를 받치는 '조용한 조율자'였다.

그는 집현전 학사 중에서도 유독 '기록의 완결성'에 집착했다. 문종 대에 『고려사』 전문을 교정하며, 이전 기록들이 승자의 논리에 의해 왜곡되지 않았는지 자구 하나하나를 대조하는 데 밤을 지새웠다.

유성원의 자리는 집현전 안에서도 가장 소리 없이 움직이는 곳이었다. 그의 책상 위에는 언제나 완결된 보고서들이 차곡차곡 쌓여 있었다. 동료들이 명분을 두고 논

쟁할 때, 그는 조용히 전례서를 뒤져 그 논쟁을 종결지을
근거를 찾아내곤 했다.

그림자 스승으로서
어린 임금의 문장을 지키다

유성원은 참찬관으로서 어린 단종의 경연을 보조하는
업무를 오랫동안 맡았다. 성삼문이 임금의 마음을 움직
이는 신하였다면, 유성원은 임금의 문장을 정돈하는 신
하였다.

단종은 집현전 학사들 중에서도 유독 조용히 뒤에 서
있던 유성원을 신뢰했다. 어린 왕은 어려운 경전 구절을
만나면 슬그머니 유성원을 바라보았고, 유성원은 목소리
를 낮추어 그 단어가 가진 무게를 일러주곤 했다.

한번은 단종이 『대학』을 읽다가 유성원에게 물었다.
"스승께서는 왜 기록할 때 항상 붓 끝을 고르시는지요?"

유성원은 "붓 끝이 갈라지면 글자가 흩어지고, 글자가 흩어지면 명(命)이 흐려지기 때문입니다"라고 답했다. 단종은 그날 자신이 평소 아끼던 연적(硯滴) 하나를 유성원에게 내주며 "그대의 붓 끝이 마르지 않게 하시오"라고 일렀다.

유성원은 단종이 쓴 서투른 필치들을 모아 책을 엮으며, 이 아이가 조선의 문법을 완성할 성군이 되기를 진심으로 기원했다. 그러나 세조의 찬탈은 유성원이 그토록 지켜온 '임금의 문장'들을 무용하게 만들었다. 찬탈 세력이 집현전 서고를 뒤져 단종의 흔적을 지울 때, 유성원은 자신이 정돈한 기록들이 파헤쳐지는 현장을 묵묵히 지켜보아야 했다.

그가 정돈했던 단종의 서투른 필치들, 임금이 건네준 연적, 그 모든 것이 이제 흩어진 종잇조각들 사이에 섞여 있었다. 유성원은 서고를 나오며 한 가지를 확인했다. 더 이상 지킬 문장이 없다면, 남은 것은 자신의 침묵을 지키는 일뿐이었다.

예악의 편집자,
지식의 질서를 세우다

유성원은 단순한 관료가 아니라 조선의 지식 체계를 재편한 편집자였다. 세종은 유성원에게 국가 통치의 거울이 될 『치평요람』의 편찬을 맡겼다. 이 작업은 방대한 역대 기록 중에서 통치의 핵심만을 골라내어 하나의 체계로 묶는 고도의 지적 행위였다. 명문가 출신 학사들이 거대 담론을 즐길 때, 유성원은 지루한 교정 작업과 정보의 위계를 세우는 일에 매진했다.

그는 지식의 질서가 곧 국가의 질서라고 믿었다. 유성원은 『의방유취』 같은 방대한 의학 백과사전의 교정 작업에도 참여하며, 단 한 글자의 약초 이름이 틀렸을 때 발생할 인명의 위협을 경계했다. 세종은 그런 유성원을 두고 "유성원의 손을 거치면 거친 생각도 단정한 예(禮)가 된다"며 각별히 신뢰했다.

집현전의 동료 학사들은 논쟁이 막힐 때마다 유성원

을 찾았다. 그는 서로 다른 주장 사이에서 공통의 근거를 찾아내어 합의의 문장을 만들어내는 능력이 탁월했다. 자신을 드러내기보다 타인의 문장을 빛나게 함으로써 전체의 조화를 꾀하는 조율자였다.

기록자로서의
사형 선고를 직감하다

유성원이 이토록 기록의 정직함에 집착하게 된 데에는 세종과의 특별한 기억이 있었다. 세종은 유성원에게 집현전의 방대한 자료들을 분류하고 색인을 만드는 작업을 맡기며 각별히 당부했다. "분류가 틀리면 진실이 길을 잃는다." 유성원은 그날 이후 수만 권의 장서를 일일이 뒤지며 한 글자의 오류도 허용하지 않는 완벽주의자로 거듭났다.

한번은 세종이 밤늦게 유성원을 불러 물었다. "자네는

왜 그토록 마감에 집착하는가?" 유성원은 엎드려 답했다. "마감되지 않은 문장은 문장이 아니라 비명일 뿐이기 때문입니다. 신은 전하의 치세가 비명이 아닌 단정한 문장으로 남기를 원합니다." 유성원에게 마감이란 단순히 일을 끝내는 것이 아니라, 그 기록이 역사 속에서 가질 위치를 확정하는 행위였다.

유성원은 자신이 다듬은 문장들이 조선의 표준이 된다는 사실에 무거운 책임감을 느꼈다. 그러나 세조의 정권에서 그가 마주한 현실은 그 '표준'을 철저히 파괴하는 일이었다.

그는 집현전 서고에서 자신이 그토록 아꼈던 세종의 유훈이 담긴 장부들을 직접 꺼내와야 했다. 세조의 측근들우 그 기록에서 필요한 부분만 발췌해 찬탈의 정당성을 조작하려 했다. 유성원은 자신이 평생 구축해온 기록의 성벽이 내부에서부터 무너지는 것을 보며, 기록자로서의 사형 선고를 직감했다.

참찬관의 고독과
오역된 기록

수양대군의 왕위 찬탈 이후, 유성원은 참찬관으로서 세조의 명령을 문장으로 옮겨야 하는 모순된 상황에 처했다. 세조는 유성원의 단정한 필치를 탐냈고, 그에게 집권 초기 구조를 안정시킬 수많은 행정 지시서의 초안을 맡겼다. 그는 자신이 평생 지켜온 행정의 문법이 찬탈의 정당성을 위해 오용되는 것을 보았다.

유성원은 붓을 들 때마다 손등의 근육이 경직되는 것을 느꼈다. 그는 분명 세종의 시절과 똑같은 격식으로 글을 쓰고 있었으나, 그 글자가 담고 있는 주체는 바뀌어 있었다. '주상'이라는 단어를 적을 때마다, 그의 머릿속에는 단종의 어린 얼굴과 세조의 비정한 눈빛이 물리적으로 충돌했다.

유성원은 세조의 즉위 교서 초안을 다듬으며 자신의 이름이 적힌 인사 명단을 보았다. 그 명단에는 그가 거부할 수 없는 관직들이 줄지어 있었다. 그는 그것을 영광이 아닌 형벌로 받아들였다.

"부정한 자를 주인으로 모실 때, 기록하는 자의 손은 썩어간다." 그는 일기장에 이 짧은 문장을 적고는 곧바로 먹칠해서 지웠다.

스스로 집행자가 되어 지켜낸
침묵의 성벽

1456년 복위 계획이 진행될 때, 유성원은 거사의 화려한 주역이 아니었다. 그는 연락을 담당하고, 가담자들의 동선을 확인하며, 거사 이후에 발표할 후속 조치들을 조용히 준비했다. 그는 성삼문과 박팽년이 세운 거대한 설계도가 현실에서 무너지지 않도록, 보이지 않는 곳에서 매듭을 묶는 역할을 자처했다.

거사가 탄로 났다는 소식이 들려온 것은 유성원이 성

균관에서 집무를 보던 중이었다. 동료 학사들이 허둥지둥 대궐로 불려가고, 금부도사들이 가담자들의 집을 급습하기 시작했다는 보고가 들어왔다. 유성원은 당황하지 않았다.

그는 집으로 돌아와 의관을 정제하고, 서재로 들어가 문을 걸어 잠갔다. 유성원은 알고 있었다. 국문장에 서는 순간, 자신의 신체는 자백을 추출하기 위한 도구가 될 것임을, 자신의 목소리는 권력이 원하는 문장을 완성하는 재료가 될 것임을.

그는 화로에 불을 지피고, 자신이 보관하고 있던 거사 관련 명단과 서류들을 하나씩 태웠다. 이윽고 유성원은 칼을 꺼내 자신의 목을 겨누었다. 그는 권력이 집행하는 형벌의 수동적인 대상이 되기를 거부하고, 스스로 집행자가 되어 자신의 생애를 마감했다. 세조는 유성원을 국문장에 세워 그의 입을 통해 거사의 전모를 역사에 기록하고 싶어 했으나, 유성원은 차가운 시신으로 침묵해 그 기록의 칸을 영원한 빈칸으로 남겨두었다.

세조가 끝내 지우지 못한
거대한 오점

세조는 죽은 유성원의 시신을 다시 꺼내 거열형에 처했다. 그의 이름을 사초에서 지우고, 그의 집을 허물어 연못을 팠다. 기록은 그를 "비겁하게 목숨을 끊은 역적"으로 낙인찍었다.

그러나 권력이 찢은 것은 고깃덩어리에 불과한 육체였을 뿐, 유성원이 자결함으로써 지킨 침묵의 성벽은 무너뜨리지 못했다. 그는 국문장에서 단 한 줄의 자백도 남기지 않았다. 그의 침묵은 세조의 치세 내내 지워지지 않는 거대한 오점으로 남았다.

유성원의 가문 역시 철저하게 파괴되었다. 아내와 딸들은 노비가 되었고, 재산은 몰수되었다. 국가의 기록은 유성원의 존재를 지우기 위해 모든 수단을 동원했다.

후대 사관들은 세조의 실록을 정리하며 유성원의 이름을 가장 짧게 적었다. 그러나 그 짧은 기록의 행간에는

스스로 마침표를 찍은 자에 대한 형언할 수 없는 경외심
이 숨어 있었다. 유성원은 사라졌으나, 국문장의 빈 의자
는 역사의 가장 뜨거운 증언대가 되었다.

훗날 정조 대에 이르러 유성원은 비로소 복권되었다.
300년의 시간이 흐른 뒤에야 행정은 그의 자결을 '충절'
로 다시 기록했다.

그는 거사의 주인공이 아니었으나, 가장 비정하고 단
단한 방식으로 자신의 의리를 마감했다. 그는 부정한 권
력의 부품이 되기를 거부했고, 국문장의 빈 의자 하나로
세조의 치세에 가장 긴 침묵을 남긴 사람이었다.

역사가 흐르는 한
신의는 패배하지 않는다

단종과 함께했던 11인의 삶을 더듬는 과정은 화려한 승전보의 기록이, 처절한 패배의 기록을 정밀하게 검토하는 작업이었다.

그들은 집현전의 학사로, 종친부의 어른으로, 혹은 이름 없는 시녀와 고을의 호장으로 살아가며 각기 다른 방식으로 단종을 보필했다. 누군가는 조카를 지키라는 유언을 사명으로 여겨 가시 울타리를 견뎠고, 누군가는 멸문의 위협 앞에서도 '두 임금을 섬기지 않겠다'는 원칙을 수정하지 않았다. 그들이 지키려 했던 것은 한 명의 어린 임금을 넘어, 약속과 신의가 권력의 공포보다 앞서야 한다는 당연한 원칙 그 자체였다.

이 책은 역사 교과서에서 생략된 의리의 디테일을 복원하려는 시도였다. 기록이 권력의 이동과 정치적 결과에만 집중하며 패배한 자들의 이름을 지울 때, 필자는 그들이 끝까지 놓지 않았던 신념의 구체적인 행적을 추적했다. 승패라는 결과가 아닌 과정으로서의 의리를 복원함으로써, 박제된 인물들이 마주했던 실존적인 고뇌를 다시 읽어내고자 했다.

이들의 기록과 전승에서 목격한 것은 단순한 충성심이 아니다. 그것은 힘이 명분을 압도하는 시대에 맞서, 신의라는 가치가 개인의 품격이자 국가의 마지막 보루임을 증명하려 했던 처절한 저항이었다. 부당한 권력에 의해 국가 체제가 무너질 때, 그들은 자신의 생을 던져 그 붕괴를 온몸으로 막아섰다. 그것이 바로 이 책이 기록하고자 했던 '함께함'의 실체다.

그들의 저항 방식은 저마다 달랐다. 유응부는 달구어진 쇠꼬챙이 앞에서 침묵으로 버텼고, 성삼문은 인두가 살을 지지는 순간에도 문장을 흐트러뜨리지 않았다. 박팽년은 글자 한 획으로 권력을 부정했고, 이개는 빈 벼루를 갈며 부정한 명령을 거부했다. 금성대군은 가시 울타리 안에서도 국가의 설계도를 복구했고, 유성원은 국문장의 의자를 끝내 비워두었다.

이 다양한 방식들이 하나의 공통된 축을 향하고 있었다. 부당한 권력의 강요를 끝까지 받아들이지 않겠다는 의리와 결기였다.

그들이 선택한 길이 얼마나 외로운 것이었는지를 우리는 기억해야 한다. 동료들이 하나둘 변절하고, 가족이 형장의 이슬로 사라지고, 자신의 이름이 역적의 수괴로 기록되는 현실 앞에서도 그들은 돌아서지 않았다. 그 버팀의 힘이 어디서 나왔는지를 이 책은 끝내 단정 짓지 않는다. 다만 그들이 남긴 행적을 통해, 인간이 어떤 극한에서도 스스로의 품격을 지킬 수 있다는 사실만큼은 확인할 수 있었다.

역사는 승자의 기록이라 말하지만, 단종의 사람들은 그 통념을 행동으로 부정했다. 세조가 그들의 이름을 족보에서 지우고 행정적 말살을 시도했을 때, 역설적으로 그들의 의지는 민초들의 전설과 유림의 기록 속으로 스며들어 끈질기게 살아남았다.

당대의 권력은 그들을 처단할 수 있었으나, 그들이 남긴 기록까지 소멸시키지는 못했다. 수백 년 뒤 그들이 복권된 것은, 결국 신의를 지킨 자들이 역사 속에서 반드시 부활한다는 사실을 증명한 장면이었다.

이제 이 책에 이름을 올린 11인을 뒤로하며 우리는 다시 묻게 된다. "이익이 신의보다 앞서는 시대에 우리가 붙들어야 할 최소한의 가치는 무엇인가?" 이들의 삶은 비록 파국으로 끝났으나, 그들이 남긴 신념은 여전히 우리 곁을 흐르고 있다. 그들은 당대에는 실패했으나 역사의 물결 안에서는 영원히 사라지지 않는 승자로 남았다.

단종과 함께했던 사람들의 기록을 여기서 닫는다. 옥사 바닥과 유배지에서 그들이 끝까지 응시했던 것은 권력이 아니라 양심이었다. 권력은 유한하지만 신의는 역사 속에서 반드시 부활한다. 역사가 흐르는 한 신의는 결코 패배하지 않는다.

인류 문명의 판도를 바꾸는 머스크의 서늘한 50가지 예측

일론 머스크의 소름 돋는 미래 예측 50가지

최경수 지음 | 값 17,000원

머스크의 발언과 전망을 한데 모아, 다가올 변화의 뼈대를 보여주는 50개 핵심 시나리오를 엄선했다. 사고와 개념이 확장되는 흐름을 따라 5개의 장으로 구성했으며, 머스크 사고 체계의 정수를 함께 정리했다. 책을 통해 서로 달라 보이는 기술들이 어떤 하나의 시나리오로 수렴하는지 비교하며 이해할 수 있다.

우리는 이미 그의 결정 안에서 살고 있었다

일론 머스크의 위대한 결정 50가지

최경수 지음 | 값 17,500원

전 세계 산업 지형을 뿌리째 흔들어놓은 머스크의 결정적 순간 50가지를 엄선한 책이다. 뻔한 성공담은 과감히 걷어낸 대신, 머스크 특유의 사고방식이 어떻게 시스템을 재편하고 새로운 부의 지도를 그려내는지 그 '판단 기준'을 정교하게 추출했다. 위기 속에서도 스스로 판을 해체하고 재조립할 수 있는 강력한 무기를 얻고자 하는 이들을 위한 완벽한 실전 전략서다.

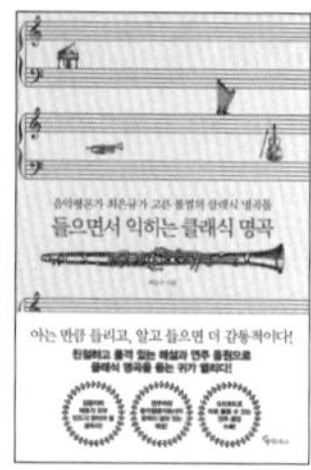

음악평론가 최은규가 고른 불멸의 클래식 명곡들

들으면서 익히는 클래식 명곡

최은규 지음 | 값 18,500원

클래식, 아는 만큼 들리고 아는 만큼 재미와 감동이 배가된다! 최은규 음악평론가가 클래식 명곡을 흥미진진하게 들을 수 있는 귀를 열어줄 책을 냈다. 친숙한 명곡에 대한 해설과 함께 곡을 직접 들어볼 수 있는 음원을 제공하는 이 책을 통해 클래식 애호가는 물론, 입문자들까지 클래식을 더 재밌게 보고, 듣고, 즐길 수 있을 것이다

나의 꿈 부자 할머니

박지수 지음 | 값 17,000원

안정된 부를 일구고 많은 사람들에게 선한 영향력을 끼치는 노년의 모습은 누구나 꿈꾸는 모습이다. 이 책은 평범한 워킹맘인 주인공 지윤이 이웃의 부자 할머니 정여사와 대화하며 경제를 보는 관점을 배우고 돈에 대한 개념을 새롭게 하며 성장해가는 경제소설이다. 부자 할머니가 알려주는 실전 투자법과 철학을 체화한다면 미래의 나도 '부자 할머니'가 될 수 있을 것이다.

인간에 대한 위대한 통찰

몽테뉴의 수상록

몽테뉴 지음 | 정영훈 엮음 | 안해린 옮김 | 값 12,000원

몽테뉴는 세상사의 다양한 주제들에 대해 본인의 견해를 자신 있고 담담하게 풀어낸다. 이 책을 읽으며 나의 판단이 바른지, 내가 지금 제대로 살고 있는지, 앞으로 어떻게 살아야 하는지 등을 수없이 자문해보자. 원초적인 동시에 삶의 골자가 되는 사유를 함으로써 의식을 환기하고 스스로를 성찰하며 인생의 전반에 대해 배우는 계기가 될 것이다.

자유는 어떻게 지켜지고 어떨 때 제한되는가

존 스튜어트 밀의 자유론

존 스튜어트 밀 지음 | 값 9,900원

세계 유수 대학에서 필독서로 채택되는 밀의 『자유론』을 보다 쉽게 이해할 수 있도록 편역한 책이다. 여론이라는 이름의 보이지 않는 폭력을 경고하며 '다수의 의견'이 언제든 소수의 표현을 억압할 수 있다는 사실을 밝힌다. 이 책을 통해 고전을 단순히 '읽는' 텍스트가 아닌, '사유하고 내면화하는' 경험을 할 수 있을 것이다.

살아갈 힘을 주는 쇼펜하우어 아포리즘

쇼펜하우어의 인생 수업

아르투어 쇼펜하우어 지음 | 강현규 엮음 | 이상희 옮김 | 값 14,900원

마음의 위기로 현재의 삶이 만족스럽지 않다면, 행복을 느끼기가 어렵다면 이 책을 읽자. 쇼펜하우어의 행복과 인생의 본질, 인간관계의 본질 등에 대한 조언이 담긴 이 책을 통해 자신을 되돌아보며 삶을 온전히 살아갈 힘을 얻을 수 있을 것이다.

살아갈 힘을 주는 니체 아포리즘

니체의 인생 수업

프리드리히 니체 지음 | 강현규 엮음 | 김현희 옮김 | 값 15,000원

살아가는 목적을 모르겠다면, 현재의 삶이 괴롭고 고통스럽다면 니체의 생생한 목소리를 담은 이 책을 읽자! 채우기보다는 비워내 나 자신을 찾아 삶의 위기를 의연하게 이겨내길 당부하는 니체 특유의 디톡스 철학, 생(生) 철학이 고된 우리의 현실을 이겨내고 다시 살아갈 힘을 준다.

■ **독자 여러분의 소중한 원고를 기다립니다** ─────────────

메이트북스는 독자 여러분의 소중한 원고를 기다리고 있습니다. 집필을 끝냈거나 집필중인 원고가 있으신 분은 khg0109@hanmail.net으로 원고의 간단한 기획의도와 개요, 연락처 등과 함께 보내주시면 최대한 빨리 검토한 후에 연락드리겠습니다. 머뭇거리지 마시고 언제라도 메이트북스의 문을 두드리시면 반갑게 맞이하겠습니다.

■ **메이트북스 SNS는 보물창고입니다** ─────────────

메이트북스 홈페이지 matebooks.co.kr

홈페이지에 회원가입을 하시면 신속한 도서정보 및 출간도서에는 없는 미공개 원고를 보실 수 있습니다.

메이트북스 유튜브 bit.ly/2qXrcUb

활발하게 업로드되는 저자의 인터뷰, 책 소개 동영상을 통해 책에서는 접할 수 없었던 입체적인 정보들을 경험하실 수 있습니다.

메이트북스 블로그 blog.naver.com/1n1media

1분 전문가 칼럼, 화제의 책, 화제의 동영상 등 독자 여러분을 위해 다양한 콘텐츠를 매일 올리고 있습니다.

네이버TV naver.me/5liH6LAS

업로드되는 신간 책 소개를, 관련 이미지들과 함께 임팩트 있는 쇼츠 영상으로 확인할 수 있습니다.

STEP 1. 사용중이신 스마트폰의 카메라 앱을 실행해주세요.　　STEP 2. 카메라 렌즈를 통해 각 QR코드를 스캔하시면 됩니다.
STEP 3. 팝업창을 누르시면 메이트북스의 SNS가 나옵니다.